U0081694

臺灣法政角力四十年

尤清談美麗島大審

尤清——著

謹以本書向為臺灣民主人權奮鬥犧牲的鬥士們，致最高敬意！

軍法大審被告：

黃信介先生、施明德先生、張俊宏先生、姚嘉文先生、林義雄先生、呂秀蓮女士、陳　菊女士、林弘宣先生

軍法大審辯護律師：

尤　清先生、陳水扁先生、鄭慶隆先生、鄭勝助先生、郭吉仁先生、謝長廷先生、蘇貞昌先生、江鵬堅先生、張政雄先生、呂傳勝先生、鄭冠禮先生、高瑞錚先生、張火源先生、張俊雄先生、李勝雄先生

藏匿施明德案被告：

高俊明先生、林文珍女士、許晴富先生、吳　文先生、張溫鷹女士、林樹枝先生、趙振貳先生、黃昭輝先生、施瑞雲女士、許江金櫻女士

藏匿施明德案辯護律師：

尤　清先生、李勝雄先生、張俊雄先生、張政雄先生、金輔政先生、洪貴參先生

司法部分被告：

周平德先生、王　拓先生、魏廷朝先生、邱茂男先生、陳博文先生、楊青矗先生、范政祐先生、蔡有全先生、紀萬生先生、邱垂貞先生、余阿興先生、劉華明先生、吳文賢先生、許天賢先生、吳振明先生、蘇振祥先生、陳忠信先生、張富忠先生、蔡垂和先生、戴振耀先生、傅耀坤先生、陳福來先生、潘來長先生、李長宗先生、陳慶智先生、王滿慶先生、李明憲先生、許淇潭先生、蔡精文先生、鄭官明先生、劉泰和先生、邱明強先生、洪裕發先生

司法部分辯護律師：

尤　清先生、謝長廷先生、蘇貞昌先生、江鵬堅先生、鄭勝助先生、郭吉仁先生、李勝雄先生、呂傳勝先生、高瑞錚先生、洪貴參先生、林明華先生、吳誠修先生、林勤綱先生、李聖隆先生、丁俊文先生、郭惠吉先生、陳錦隆先生、陳紹淇先生、林昇格先生、黃德財先生、李達夫先生及公設律師王源昆等

黃信介先生

信介仙——臺灣民主運動與黨外運動先行者，對抗威權的民主運動領袖。

《美麗島》雜誌只發行四期，卻是對臺灣影響最大的媒體。

1980年美麗島辯護律師團，年輕的尤宏（後排右四），綜理律師團閱卷、查證諮詢等後勤業務，盡心盡力。

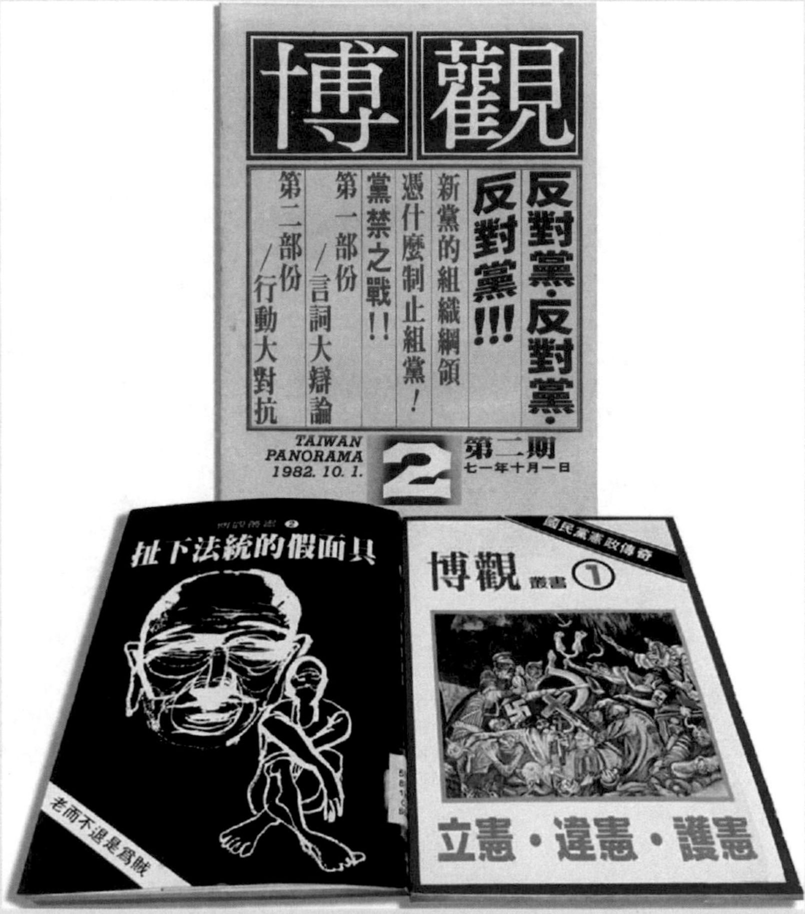

當（1982）年尚在戒嚴時代，尤宏在《博觀》雜誌連續四期被查禁後，仍不屈不撓，再出版叢書，挑戰法統，也批評國民黨政府「破壞憲法」，維護憲政人權。

1986年11月6日民進黨創黨在臺大校友會館開記者會公布黨綱與黨章。

1980年12月，臺灣省議會周滄淵（左一）、邱連輝（左二）、余陳月瑛（右三）、何春木（右二）、傅文政（右一）等五位省議員，在美麗島事件後，不受威脅利誘，挺身投票栽培尤清，當選第一位黨外監察委員。

1911年09月8日「舊金山和約」四十週年紀念日，「公民投票促進會」在臺北市舉行「公投大遊行」，遊行隊伍舉著五百公尺的大布旗，提出「舉行公民投票進入聯合國、廢除刑法一〇〇條、釋放臺獨政治犯」三項訴求。

民視電視臺創辦人蔡同榮，窮畢生之力，推動公民投票運動。

LAUFS教授（校長）、Radbruch教授及尤清三人都有強烈的正義感。

尤清獲博士學位後，在海德堡Max-Plank國際公法及各國公法研究所擔任教授銜客座研究員。

1980.3美麗島事件大審海外媒體的剪報

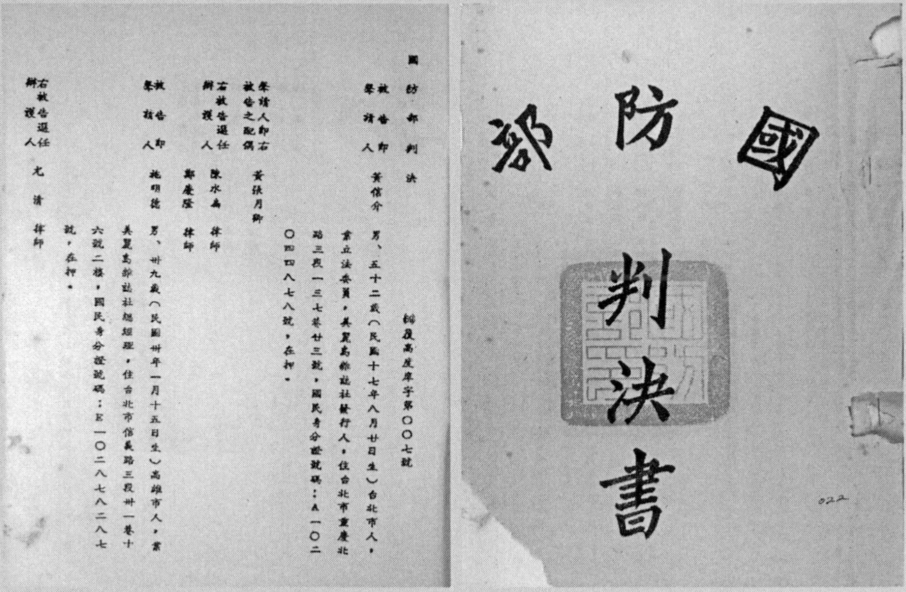

國防部
判決書

國防部判決　　錦度高度庠字第〇〇七號

被告即聲請人　黃信介　男、五十二歲（民國十七年八月廿日生）台北市人，業立法委員，美麗島雜誌社發行人，住台北市重慶北路三段一三七巷廿三號，國民身分證號碼：A一〇二〇四四八七八號，在押。

聲請人即右被告之配偶　黃張月卿

右被告選任辯護人　陳水扁　律師

鄭慶隆　律師

被告即聲請人　施明德　男、卅九歲（民國卅年一月十五日生）高雄市人，業美麗島雜誌社總經理，住台北市信義路三段卅一巷十六號二樓，國民身分證號碼：E一〇二八七八二八七號，在押。

右被告選任辯護人　尤清　律師

1980.3高雄美麗島事件大審國防部判決書

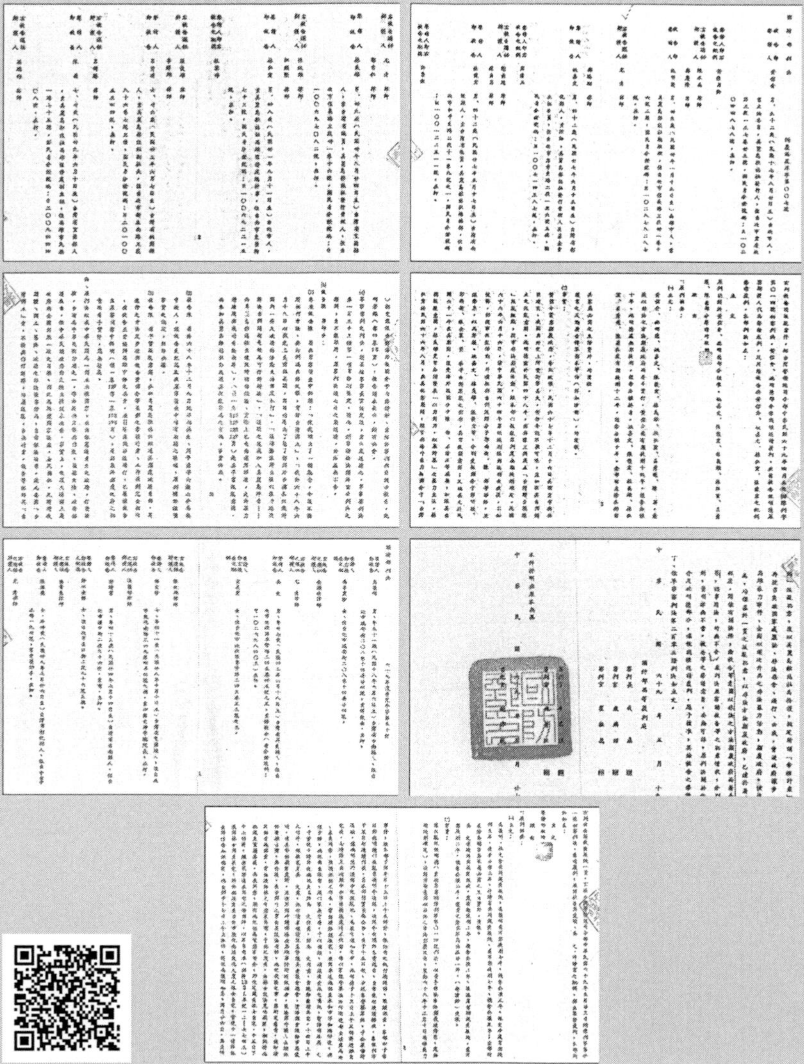

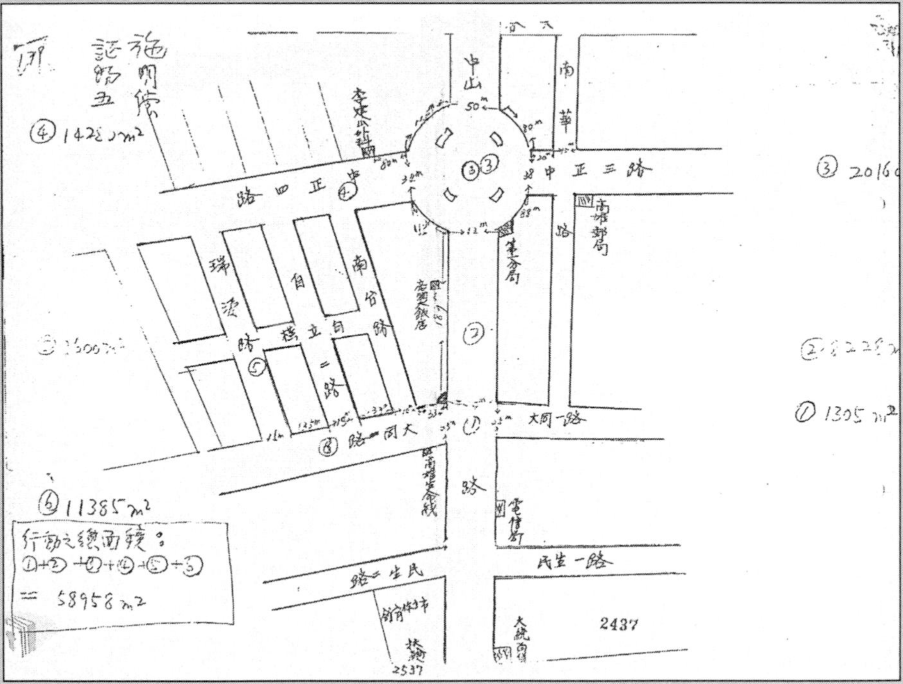

尤宏測量繪製高雄事件現場示意圖（含面積）

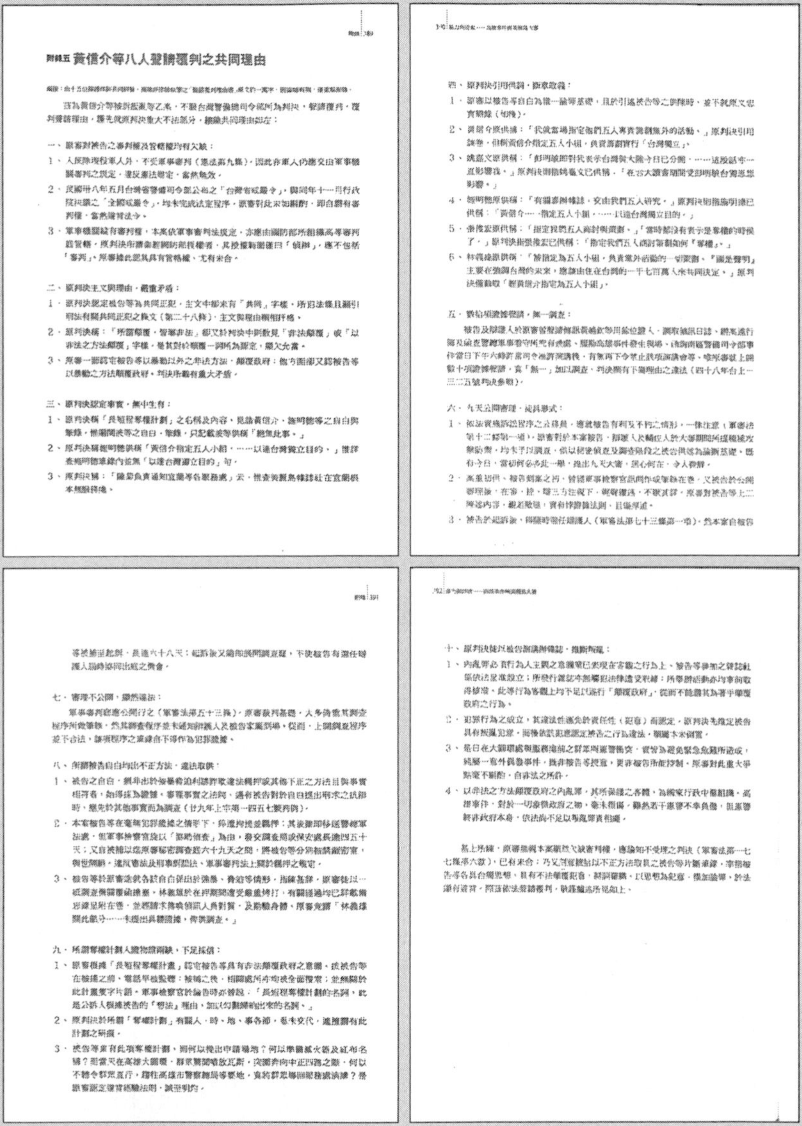

附錄五 黃信介等八人聲請覆判之共同理由

茲為黃信介等被訴叛亂等乙案，不服台灣警備總司令部所為判決，聲請覆判，覆判聲請理由，謹先就原判決重大不法部分，歸納共同理由如左：

一、原審對被告之審判權及管轄權均有欠缺：

1、人民除現役軍人外，不受軍事審判（憲法第九條），誠此非軍人仍應交由軍事機關審判之規定，違反憲法規定，當然無效。

2、民國卅八年五月台灣省警備司令部公布之「台灣省戒嚴令」，與同年十一月行政院決議之「全國戒嚴令」，均未完成法定程序，原審對此未加斟酌，即自認有審判權，當然違背法令。

3、軍事機關縱有審判權，本案依軍事審判法規定，亦應由國防部所組織高等審判庭管轄，原判決衹謂奉國防部授權者，其授權範圍僅曰「偵辦」，應不包括「審判」，原審據此認其具有管轄權，尤有未合。

二、原判決主文與理由，嚴重矛盾：

1、原判決認定被告等為共同正犯，主文中卻未有「共同」字樣，所引法條且漏引刑法有關共同正犯之條文（第二十八條），主文與理由顯相扞格。

2、原判決稱：「所謂顛覆，皆屬非法」卻又於判決中則數見「非法顛覆」或「以非法之方法顛覆」字樣，是其對於顛覆一詞所為認定，顯欠允當。

3、原審一面認定被告等以暴動以外之非法方法，顛覆政府；他方面卻又認被告等以暴動之方法顛覆政府，判決所載有重大矛盾。

三、原判決認定事實，無中生有：

1、原判決稱「長短程奪權計劃」之名稱及內容，見諸黃信介、施明德等之自白與筆錄，惟細閱彼等之自白、筆錄，只記載彼等供稱「絕無此事。」

2、原判決稱施明德供稱「黃信介指定五人小組，……以達台灣獨立目的。」惟詳查施明德筆錄內並無「以達台灣獨立目的」句。

3、原判決稱：「陳菊負責通知宜蘭等各服務處」云，惟查美麗島雜誌社在宜蘭根本無服務處。

四、原判決引用供詞，斷章取義：

1、原審以被告等自白為惟一論罪基礎，且於引述被告等之供陳時，並不就原文忠實照錄（抄錄）。

2、黃信介原供稱：「我就當場指定他們五人專責策劃黨外的活動。」原判決引用論述，但稱黃信介指定五人小組，負責籌劃實行「台灣獨立」。

3、姚嘉文原供稱：「彭明敏曾對我表示台灣與大陸今日已分開，……這段話亦一直影響我。」原判決則指姚嘉文已供稱，「在台大讀書期間受彭明敏台獨思想影響。」

4、施明德原供稱：「有關美麗島雜誌，交由我們五人研究。」原判決則指施明德已供稱：「黃信介……指定五人小組，……以達台灣獨立目的。」

5、張俊宏原供稱：「指定我們五人商討與策劃。」「當時都沒有表示是奪權的時候了。」原判決指張俊宏已供稱：「指定我們五人商討策劃如何『奪權』。」

6、林義雄原供稱：「被指定為五人小組，負責黨外活動的一切策劃。『國是聲明』主要在強調台灣的未來，應該由住在台灣的一千七百萬人來共同決定。」原判決僅截取「經黃信介指定為五人小組」。

五、對於有利證據聲請，無一調查：

被告及辯護人於原審曾聲請傳訊黃越欽等四位證人，調取通訊日誌、錄影帶並行勘及扣查警總軍事看守所之有關檔案、履勘高雄事件發生現場，函詢南區警備司令部事件當日下午六時許當司令准許演講後，有無再下令禁止該項演講會等，嗣原審就上開數十項證據聲請，竟「無一」加以調查，判決顯有不備理由之違法（四十八年台上一三二五號判決參照）。

六、九天公開審理，徒具形式：

1、依法實施訴訟程序之公務員，應就被告有利及不利之情形，一律注意（軍審法第十二條第一項），原審對於本案被告，辯護人及輔佐人於大審期間所提種種攻擊防禦，均未予以調查，僅以秘密偵查及調查階段之被告供述為論斷基礎，既有今日，當初何必有此一舉，推出九天大審，居心何在，令人費解。

2、高雄初供，被告劉案之再，曾經軍事檢察官訊問作成筆錄在卷，又被告於公開審理後，在審、檢、辯三方注視下，迭經覆述，不厭其詳，原審對被告等上二陳述內容，視若無睹，實有悖證據法則，且屬草率。

3、被告於起訴後，得隨時選任辯護人（軍審法第七十三條第一項），然本案自被告等被捕至起訴，長達六十八天；起訴後又縮短調閱卷宗，不使被告有選任辯護人及時為接見出庭之機會。

七、審理不公開，顯然違法：

軍事審判應公開行之（軍審法第五十三條），原審秘判基礎，大多偏重其調查程序所做筆錄，然其調查程序並未通知辯護人及被告家屬到場，從而，上開調查程序並不合法，該項程序之筆錄自不得作為犯罪證據。

八、所謂被告自白均出不正方法，違法取供：

1、被告之自白，須非出於強暴脅迫利誘詐欺違法羈押或其他不正之方法且與事實相符者，始得採為證據。審理事實之法院，遇有被告對於自白提出刑求之抗辯時，應先於其他事實而為調查（廿九年上字第一四五七號判例）。

2、本案被告等在毫無犯罪證據之情形下，倉遽拘提並羈押；其後雖即移送警總軍法處，但軍事檢察官竟以「審前偵查」為由，發交調查局或保安處長達四五十天；又自被捕以迄原審秘密調查庭六十九天之間，將被告等分別拘禁禁閉密室，與世隔絕，違反憲法及刑事訴訟法、軍事審判法上關於羈押之規定。

3、被告等於原審迭就各該自白係出於強暴、脅迫等情形，指陳甚詳，原審徒以一紙調查機關覆函搪塞，林義雄於在押期間遭受嚴重拷打，有關經過均已詳載辯護意旨附在卷，並經請求傳喚偵訊人員對質，及勘驗身體，原審竟謂「林義雄關此部分……未提出具體證據，俾供調查。」

九、所謂奪權計劃人證物證闕缺，不足採信：

1、原審根據「長短程奪權計畫」認定被告等具有非法顛覆政府之意圖，按被告等在被捕之前，言語早被監聽；被捕之後，相關處所亦均被全面搜索；並無關於此計畫隻字片語，軍事檢察官於論告時亦曾謂：「長短程奪權計劃的名詞，此是公訴人根據被告的『想法』理由，加以勾劃歸納出來的名詞。」

2、原判決於所謂「奪權計劃」有關人、時、地、事各節，悉未交代，遑論證明有此計劃之研擬。

3、被告等果有此項奪權計劃，則何以捨出申請場地？何以準備孤火器及紅布名條？迨當天在高雄大圓環，群眾聽聞施放瓦斯，突圍奔向中正四路之際，何以不轉令群眾直行，趨往高雄市警察總局等要地，竟約群眾轉回服務處演講？是原審認定違背經驗法則，誠至明灼。

十、原判決徒以被告創辦雜誌，推斷叛亂：

1、內亂罪必賴行為人主觀之意圖業已表現在客觀之行為上，被告等參加之雜誌社係依法呈准設立；所發行雜誌亦無觸犯法律遭受取締；所舉辦活動亦均事前取得核准，此等行為客觀上均不足以遂行「顛覆政府」，從而不能謂其為著手顛覆政府之行為。

2、犯罪行為之成立，其違法性應先於責任性（犯意）而認定，原判決先推定被告具有叛亂犯意，而後依該犯意認定被告之行為違法，顯屬本末倒置。

3、是日在大圓環處與服務處前之群眾與憲警衝突，實皆為避免緊急危難所造成，純屬一意外偶發事件，既非被告等故意，更非被告所能控制，原審對此重大爭點毫不斟酌，自非法之所許。

4、以非法之方法顛覆政府之內亂罪，其所保護之客體，為國家行政中樞組織，高雄事件，對於一切象徵政府之物，毫未損傷，雖然若干憲警不幸負傷，但憲警終非政府本身，依法尚不足以內亂罪責相繩。

綜上所陳，原審無視本案顯然欠缺審判權，應論知不受理之判決（軍審法第一七七條第六款），已有未合；乃又判罪概由以不正方法取具之被告等片斷筆錄，牽指被告等各具台獨思想，具有不法顛覆犯意，羅織罪狀，以思想為犯意，横加論罪，於法顯有違背，爰謹依法聲請覆判，敬請鑑核所見如上。

黃信介等八人聲請覆判之共同理由

1985年黨外公政會會務研習會

黨外公共政策研究會

THE DANWAI ASSOCIATION OF PUBLIC POLICY STUDIES

台北市青島東路3號2F-4　2nd FLR. NO.4
Tel. 3915169　CHING TAO E. Rd.
3959680　TAIPEI, TAIWAN.

黨外公共政策研究會簡介

歷史沿革

黨外公共政策研究會簡稱公政會，是由一群無黨籍公職人員組成的政治團體，原來名稱為黨外公職人員公共政策研究會。

創立時間是一九八四年五月十一日。

臺灣自一九四九年五月開始實施戒嚴，執政的國民黨禁止人民組織新的政黨，而在野的青年黨與民社黨因為長期遭受打擊、分化，派系林立，積弱不振，近年來的各種選舉，該兩黨幾乎都不辦理提名，即使推舉候選人，也都很慘落選，喪失群眾基礎，無法獲得民眾的信任與支持，大多數觀察家認為它們只是國民黨的附屬品，主要是用來裝飾臺灣並非一黨專政的印象。相對的，每次選舉，以「黨外」名義參加競選的候選人，得票總數始終穩定成長，目前維持在百分三十左右，成為臺灣的第二大政治勢力。

黨外（DANWAI）的字面意義是指沒有參加政黨的人士，本來與「無黨籍」（outsidet HEPARTYO, NON-PARTISAN）的意思相同。黨外人士主張議會政黨政治，在實際行動上，也朝著組織化，政黨化努力，例如：一九五〇年自由中國雜誌以及一九七九年美麗島雜誌社的負責人都曾經嘗試組織新的政黨，但主要人物最後都被判處「判亂罪」，長期坐牢。不過，黨外人士追求組織化，政黨化的努力，不曾放棄，雖然黨外仍然不被允許政黨，同時，國民黨一度阻止「黨外」成為專有名詞，但是，由於黨外政治力量的成長，活動次數的頻繁，以及在選舉中採用共同口號，政見，「黨外」的團體性逐漸形成，不但社會一般人士都會逐把黨外當作一個政治團體，事實上，「黨外」也組織了幾個沒有黨名的政治組織，黨外公政會是其中最具代表性的一個。

國民黨不願看到黨外走向組織化，擔心會產生政黨政治使其喪失既得利益，乃全力打擊，一九八四年十一月初，執政黨政府公開宣稱黨外公政會為違法組織，要求解散或更改名稱登記，引起高度的政治緊張，至一九八五年十一月全國省市地方大選，政府終於允許將公政會的經歷，登記在選舉公報上。

一九八五年十二月二十六日，黨外公職人員公共政策研究會修改章程，決定在全國各地方設立分會，並將名稱改為黨外公共政策研究會，讓非公職人員亦可加入為會員，執政的國民黨再度聲明將依法嚴法取締，對立局面再度升高，至一九八六年五月十日臺北市成立第一個分會，國民黨仍然要求登記與放棄「黨外」稱呼，對峙仍然持續中。

至一九八六年四月三十日止，黨外公政會共有會員五十一名，包括四十位現任公職人員，十一位前任公職人員。其中有國會議員經歷者有十二人，地方議員經歷者有三十九人。

宗旨及活動

黨外公共政策研究會的章程第一條規定，以推動民主運動，研究公共政策為宗旨，主要目的在推展臺灣政治的民主化，實現政黨政治的理念，在正常的政黨政治實現以前，本會並積極研擬替代性的公共政策，與民眾及議會選舉。

為了實現本會的宗旨，本會設有國際事務，人權保障，社會經濟，政治體制、協調發展，國會事理六個委員會，負責推動業務。不過，由於臺灣政治條件的限制，黨外公政會在公共政策研究方面的成效不彰，大多數活動偏重在爭取在野活動的合法化，制度化，以及對抗執政黨的鎮壓。

本會最高權力機關為會員大會，大會閉會期間由理事七或九名執行會務，並互選一人為理事長，執行理事會務，三位監事擔任，並互推一人為常務監事。

此外，本會設有秘書長與財務長各一人，輔助理事長處理日常事務。

歷屆理監事名單如附表。

附表：

第一屆理事長為費希平秘書長為林正杰財務長為林文郎

理事為周清玉、尤清、費希平、謝長廷、蔡介雄、張俊雄、黃玉嬌

監事為林文郎、陳金德、高俊雄

第二屆理事長為尤清秘書長為謝長廷財務長為王兆釧

理事為謝長廷、蔡介雄、許榮淑、余陳月瑛、王兆釧、黃玉嬌、尤清

監事為蘇貞昌、高俊雄、康水木

第三屆理事長為尤清秘書為謝長廷財務長為王兆釧

理事為游錫堃、林文郎、顏錦福、張俊雄、林正杰、張德銘、尤清、謝長廷、陳水扁

監事為黃玉嬌、康水木、周伯倫

游錫堃·張德銘·陳水扁·張俊雄·林文郎·尤清·顏錦福·謝長廷·林正杰

1985年黨外公共政策研究會簡介

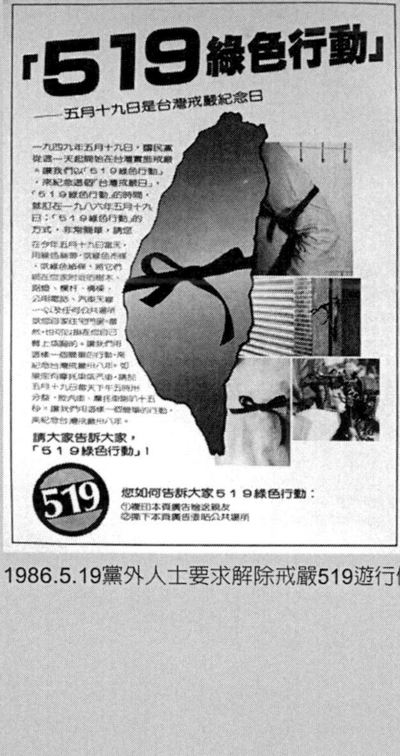

「519綠色行動」

——五月十九日是台灣戒嚴紀念日

一九四九年五月十九日，國民黨從這一天起開始在台灣實施戒嚴。讓我們以「519綠色行動」，來紀念這個「台灣戒嚴日」。「519綠色行動」的時間，就訂在一九八六年五月十九日；「519綠色行動」的方式，非常簡單，請您在今年五月十九日當天，用綠色絲帶、或綠色布條、或綠色絲線，將它們綁在您家附近的樹木、郵筒、欄杆、橋樑、公用電話、汽車天線……以及任何公共場所或您家住宅門窗。當然，也可以掛在您的手臂上或胸前。讓我們用這樣一個簡單的行動，來紀念台灣戒嚴卅八年。如果您有摩托車或汽車，請於五月十九日當天下午五時卅分整，按汽車、摩托車喇叭十五秒。讓我們用這樣一個簡單的行動，來紀念台灣戒嚴卅八年。

請大家告訴大家，「519綠色行動」！

519

您如何告訴大家519綠色行動：
①複印本頁廣告轉送親友
②撕下本頁廣告張貼公共場所

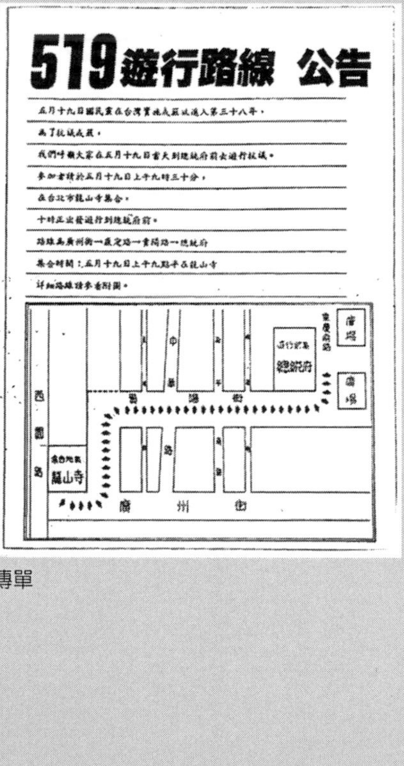

519遊行路線　公告

五月十九日國民黨在台灣實施戒嚴以邁入第三十八年，

為了抗議戒嚴，

我們呼籲大家在五月十九日當天到總統府前去遊行抗議。

參加者請於五月十九日上午九時三十分，

在台北市龍山寺集合。

十時正出發遊行到總統府前。

路線為廣州街→康定路→貴陽路→總統府

集合時間：五月十九日上午九點半在龍山寺

詳細路線請參看附圖。

1986.5.19黨外人士要求解除戒嚴519遊行傳單

1986.5.19尤清等黨外人士抗議長期戒嚴，發動519大遊行，在龍山寺集合，卻被千名警察，困在龍山寺。

〈要聞版〉　黨外公共政策研究會公報　1986年10月4日出刊　第1期

黨外公共政策研究會公報

DANWAI TIMES

第1期

出版單位：黨外公共政策研究會

本刊爲會內刊物

發刊詞

民主進步黨的補品——黨外公報誕生

民主進步黨適時成立

年底選舉前召開黨員代表大會

海內外奔相走告，來電致賀

新黨成立，歡欣鼓舞！

門志高昂的受難家人

民主進步黨歡迎有誠意的溝通

民主新希望 新黨救台灣

黨外選舉後援會在圓山召開

新黨工作委員召開記者會

恭賀 民主進步黨 成立誌慶

黨外公政會總會　新竹分會
宜蘭分會　台中分會
基隆分會　南市分會
台北分會　港都分會
首都分會　打狗分會
北縣分會　高縣分會
桃園分會　屏東分會

全賀

1986.10.04黨外公報報導民主進步黨成立消息

目次

序：法政角力四十年　曲直功過豈成空

尤清

一九七九年十二月十日，美麗島雜誌社在高雄舉辦國際人權日慶祝活動，爆發警民衝突事件（即高雄事件），隨後全臺大搜捕並以叛亂罪起訴。尤清等律師挺身在法庭為民主人權鬥士辯護。

被告及律師鏗鏗然論辯，在法庭中角力；事實上，美麗島雜誌發行（一九七九年九月）伊始迄今，四十多年來臺灣法政角力持續進行。美麗島時期黨外人士目標，是抵抗惡法挑戰「法統」；後美麗島時期是組黨輪政。目前正在進行的目標是自決、制憲、正名，以邁向正常化國家。本書首揭〈美麗島事件法庭內外法政角力〉（臺灣法學會美麗島事件四十周年學術研討會主題演講文）。

本書第一部分又納入尤清所撰〈美麗島高雄事件：臺灣民主法治的轉捩點〉（臺灣基督長老教會美麗島事件二十周年紀念文）、〈論抵抗權〉（刊美麗島雜誌第二期）及〈淺談法治與人權保障〉（第四期）。

二十年後（一九九九年），當年活動總指揮施明德主持「美麗島事件口述歷史計畫」，為還原真相，也再掀波濤。本書第二部分列入〈美麗島大審——尤清、尤宏口述歷史〉訪談抄本，一併留待智者評曲直論功過。

美麗島事件法庭内外法政角力

尤清

前言

一九七九年十二月十日，臺灣人民累積在心中的怨氣加上強烈要求民主人權的力量，爆發出高雄事件！

十二月十三日早晨，全臺大搜捕，到處風聲鶴唳，人人自危。當天晚上受難家屬分別找律師，我們參加比較法學會平民義務法律服務的律師，也開始聯絡並研商對策。十七日，我們親臨高雄事件現場丈量相關的道路及廣場的面積，並密訪親友，以了解事件發生的各種狀況，為未來辯護做充分準備；十二月中旬至第二年二月間，也在陳繼盛教授邀集下，密集研商辯護事宜，每人各盡所長，我從比較法及法律史角度報告歐洲十九世紀皇權及獨裁統治下（特別德國納粹），有關政治犯的法律及其審判。

在美麗島雜誌高雄事件相關軍、司法審判中，我為施明德、張俊宏、高俊明、張溫鷹、周平德、楊青矗、紀萬生、范政祐及吳振明等民主人權鬥士辯護，深受他們獻身臺灣民主人權的偉大人格所感動。

本文「壹、法庭攻防焦點」部分，對於軍事審判黃信介等八賢案件，根據被告及辯護律師的論辯（審判筆錄及辯護意旨書及聲請覆判理由狀等）論述。又「貳、法政角力四十年」部分，取材一九七九年（美麗島新誌創刊）至今，本案相關之法政論爭重點。

壹、法庭攻防焦點

一、戒嚴？人民不受軍事審判

人民除現役軍人外，不受軍事審判，憲法第九條定有明文。惟依懲治叛亂條例在戒嚴地區，不論身份（非軍人），一概由軍事機關審判（第十條）。問題在於臺灣是否為戒嚴地區？何時宣告戒嚴？辯護律師在本案審理開始就質疑，到聲請覆判也再強調戒嚴令未依法宣布，人民除現役軍人外，不受軍事審判。

事實上，民國卅八年五月十九日「臺灣省戒嚴令」未經立法院通過或追認，其已失效。至於卅八年十一月二日行政院決議之「全國戒嚴令」，經卅九年二月十四日立法院追認，但迄未經總統公布，亦未生效力。警總原判決及國防部覆判決[1]既將二戒嚴令混為一談，於未經呈請

1 國防部（覆）判決（六十九）覆高度庠字第〇〇七號。

總統公布乙節，更避不斟酌，自謂是有審判權，當然違背法令。

又被告黃信介係立法委員，依軍事審判法，應由國防部組織之高等審判庭管轄本案。國防部固然已授權臺灣警備總司令部（簡稱警總）偵辦，但不包括審判在內。警總軍事法庭對本案欠缺管轄權[2]。

二、叛亂？亂判

（一）本案以觸犯懲治叛亂條例第二條第一項「意圖以非法之方法顛覆政府而著手實行」起訴[3]

在軍事法庭審理中，被告及其辯護律師也提出辯解，但警總軍法處仍判決「論被告等意圖以非法之方法顛覆政府而著手實行之罪」[4]。

被告及其辯護律師都聲請覆判並提理由書。法庭攻防由警總初審又延伸到覆判程序，在聲請覆判理由書又重現攻防焦點。遺憾的是，國防部覆判庭完全維持警總初審的認事用法[5]。

2 黃信介等八被告及辯護律師（共同）覆判聲請狀，一、原審對被告之審判權及管轄權有欠缺（二），另參考（二〇一〇年八月十一日）黃煌雄監察委員主導調查臺灣發布戒嚴是否符合法定程序之調查報告認為當年發布戒嚴程序可能有瑕疵爭議。

3 臺灣警備總司令部六十九年警檢訴字第〇〇九號起訴書證據並所犯法條四。

4 臺灣警備總司令部六十九年障判字第〇一四號判決（簡稱原判決），理由三。

5 國防部（六十九）覆高度庠字第〇〇七號判決（簡稱覆判決）。

（二）非暴力內亂成罪，開啓冤獄[6]

懲治叛亂條例第二條僅規定法律效果，而其構成要件由刑法第一〇〇～一〇三條加以規定。刑法第一〇〇條規定普通內亂罪，第一〇一條規定暴動內亂罪，第一〇三條以下規定外患罪。德國、美國、日本、英國、瑞士及義大利等國刑法皆規定限於強暴或脅迫暴動之方法，始構成內亂罪[7]。我國刑法在「暴動內亂罪」之外，尚規定「普通內亂罪」（刑法第一〇〇條參照）。雖非以暴動之非法方法實行內亂行為，也構成普通內亂罪。暴動內亂罪因較易認定；而以非暴動之非法方法著手實行內亂（即普通內亂罪）其認定極為困難，也屢生疑義。若干僅在預備或陰謀階段之行為，甚至犯罪之前的犯罪決意，也往往被曲解地認定為著手實行普通內亂。冤獄頻仍，令人驚嘆！

認定內亂罪，尤其普通內亂罪之著手實行，應嚴格謹慎，以防輕易入人以重罪。

6 本文壹二（二）至三主要引據尤清律師為張俊宏所提聲請覆判補充理由狀，也因此所引據多為一九八〇年以前的文獻。

7 韓忠謨教授舉美國、德國及日本為例，參照氏著刑法各論第五二頁；其餘國家之立法例，參照Friedrich-Christian Schroeder, Der Schutz von Staat und Verfassung im Strafrecht 一九七〇年第二二七頁以下。

（三）被告迄未攻擊「國憲」、「國體」、「國土」或「政府」

1. 內亂罪所保護之法益為國家內部之存立[8]「國憲」、「國體」、「國土」及「政府」為國家內部存立不可或缺之要素，固為刑法內亂罪所保護之客體（參照刑法第一〇〇條）。

現代民主法治國家之憲法，明文規定立國之基本原則及組織，我國憲法除規定民主共和政體及中央政府組織之外，尚規定固有之領土（第四條）；我國憲法（國憲）實已涵蓋基於民主共和之「國體」，依憲法產生並維持之「政府」，以及固有之疆域（國土）。內亂罪所攻擊之對象，以憲法為主，至為明確。

又據德國憲法學者史密特Carl Schmidt所稱：「刑法關於內亂之規定，本質上是以保護憲法為標的。刑法所規定之內亂罪之構成要件，主要為對於憲法之攻擊……」[9]，又「內亂罪為對於憲法（整體），並非對於個別憲法條文之攻擊。」[10]。

基於上述，我國刑法內亂罪之主要攻擊對象，為憲法整體，更信而有徵。本件被告等既已在肯定現行憲政秩序下從事民主運動，並未攻擊憲法，更未變更國體，至為明確。

---

8 參照蔡墩銘著刑法各論第五〇六頁、韓忠謨著刑法各論第二四頁。

9 Carl Schmidt Verfassungslehre 一九五四年出版，第一一九頁。

10 同上，第七十二頁。

2. 原判決固尚未指明被告所攻擊之對象，為「國土」抑「政府」？惟被告等迄未攻擊「國土」。

大陸為我國領土，收復大陸為國家之目標，共同被告皆一體遵行此一國策；惟三十多年來中華民國對於陷匪地區內之居民並未確實行使「實際上之統治權」（專門用語，參照丘宏達主編現代國際法第三〇六頁）。如何回復對於陷匪地區之統治權，固為全國同胞，更為掌握治權之政府當局不容旁貸之責任。共同被告皆為在野人士，雖無權統帥三軍，然未有曾阻撓收復神州之舉措。被告等也未曾有放棄國土或竊據國土之行為，至為顯然。

3. 被告並未顛覆政府。關於顛覆政府，「就現行刑法之規定而言，則應從狹義解釋，凡推翻國家行政中樞組織，或使之完全喪失作用，或以非法方法使之發生更迭因而喪失同一性者」[11]意圖以非法方法顛覆政府之內亂罪所保護的客體，為國家行政中樞組織[12]。本件暴動所攻擊之對象，為警察及維持地方秩序之憲兵及保安警察，並非國家之行政中樞組織，也自非推翻國家行政中樞之行為；更無以非法方法使之發生更迭因而喪失其同一性。又群眾活動之範圍，僅侷限於高雄中山一路、中山四路、瑞源路及大同一路地區，面積為五八九五八平方公尺，既未使高雄市政府絲毫喪失作用，更未影響中央政府之作用。

11 韓忠謨著刑法各論第二七頁。
12 韓忠謨著刑法各論第二七頁、顧樸先著重要特別刑法實用第十三頁、陳樸生著刑法各論第四頁。

（四）原判決謂：「又被告所攻擊者，為執行國家法律，維持社會治安之憲警」，無解於內亂罪之成立，顯係將內亂罪所保護之法益，與妨害公務及妨害秩序罪所保護之法益，互為混淆

又原判決謂：「……且一再號召突破國家戒嚴法，非法集會、遊行、示威、脅迫政府讓步。……」，顯係將違反行政法有關集會遊行之規定，並侵害之國家行政權，誤認為觸犯刑法關於內亂罪之規定，而侵害國家之存立要件。

（五）被告等毫不具有內亂意圖

1. 內亂罪特別注重內亂意圖，並以之為構成要件之主觀要素。倘此一主觀要素（內亂意圖）不存在，則內亂罪之構成要件不該當，也就不成立內亂罪。

2. 凡本內亂意圖而著手實行，內亂罪即因之成立，不生未遂之問題（學說上又稱之為「企行犯」）。「企行犯之規定，完全基於主觀說之見解，以有表現犯意之著手為處罰犯罪之標準。」[13]。無論為預備（或陰謀）或著手實行之階段，其認定應嚴格探求行為人之性格，人格與動機等主觀要素，並應詳細推究行為人主觀上之內亂意圖，是否表現在客

13 蔡墩銘著唐律與近世刑事立法之比較研究，第一九六頁。

觀之行為上，換言之，必須意圖與行為有極密切之關聯，始能確切地認定其意圖，更進一步認定其有預備或著手行為。

3. 本件被告崇尚民主法治並提倡和平改革，在現行之憲政秩序下從事政治活動。從其政治確信及主觀上性格及動機，加以探討，毫無內亂之意圖，也無內亂之犯罪傾向，至為灼然。

4. 警總軍法處原判決僅根據被告之自白，偵查及原審未公開（秘密）之準備程序調查（六十九年二月廿一日至廿三日）之供述，而認定被告具有叛亂犯意（第七頁至十二頁），實有違誤。

一九八〇（民國六十九）年二月十九日起訴，廿日起訴書送達被告，廿一日開始連續三天開秘密調查庭。當（廿一）日尤清、謝長廷、鄭慶隆等律師已遞委任狀，臨時得知本案正在開庭，當場要求出庭，但均遭拒絕。被告家屬及新聞記者要求旁聽，也被拒在外。上開調查程序，未公開行之，既不合法（有違軍事審判法第五十三條），該程序之筆錄自不得作為犯罪證據，但警總軍法原判決竟然大事援用上揭三天秘密（不公開）調查程序之筆錄（引用廿六次以上）自非適法[14]。

14 美國Stanford大學刑法及刑事訴訟法教授John Kaplan，應美國人權聯盟之委託在親聆全程審判後提出報告，認為被告及其辯護律師要求調查自白之任意性，而軍法庭竟然以調查局之覆函應付了事，又在軍法庭在二月二十一日至二十三日之不公開秘密調查庭，查證秘密偵查的筆錄，特別自白書，更令人不可信靠。詳參John Kaplan，The Court-Martial of the

八位被告在公開審理中（一九七九年三月十八日至二十八日）皆供述其自白和偵查及秘密調查程序之筆錄的製作並非出於自由意志（詳參審理筆錄）。

按被告自白之取供，均出違法不正之方法，固無證據能力，更不生證據價值；原判決竟以自白為證據，殊屬違誤。

又秘密偵查期間及未公開舉行之調查庭所取被告之供述，經被告指出非出自任意性，原判決竟以之為主要證據，違法失當，自不待言。

苟不論被告之自白、偵查與準備程序中之不利於己之供述，是否出於任意性，原審應基於刑事程序重在發見真實之原則，再行調查供述與事實，是否相符。查被告業已供述，「五人小組」僅止於研究黨外人士之合法政治活動及辦理雜誌之細節，並未研商所謂之「實施顛覆政府步驟」，更從未提出所謂「奪權計劃」。至於所謂「長程短程奪權計劃」之內容及名稱，均為司法行政部調查人員所杜撰，不足認定被告等有任何內亂意圖，至為明顯。

又美麗島雜誌社既經呈准設立，所發行四期雜誌，尚無任何文章觸犯法律；其所舉辦之各次活動，均獲得核准，皆為合法活動。原判決未舉出具體事證，僅憑空臆斷被告等在雜誌及活動中表現內亂意圖，誠屬違誤。至於姚嘉文所稱之「暴力邊緣原則」，實質上是不要用暴力；不問究竟如何認定，該原則迄未經五人小組或美麗島雜誌社社務委員會討論與決議，姚嘉文所

Kaohsiung Defendant，一九八一年頁二三－二五；三一－三四。又自白之不可信性，詳參姚嘉文著美麗島大審判，二〇〇〇年頁六十四（六十五）

謂「暴力邊緣原則」更未能在各地服務處之活動應用，至為灼然。原判決率然認定各地服務處之活動，為「暴力邊緣原則」之運用，更進一步認定被告等具有暴動內亂之意圖，更屬無據。

（六）被告等並無著手實行非法顛覆政府之行為

依學者韓忠謨之見解：「又此之所謂著手實行，即係開始以具體行為，圖達其破壞國體，竊據國土，變更國憲或顛覆政府之目的。換言之，須其所著手者，在客觀上與其所意圖之內容相當。」[15]。

依據經驗法則及論理法則分析，六十八年十二月十日高雄事件，被告及群眾所實行之各種行為，在客觀上，並無與任何一種叛亂意圖之內容相當。分別說明如次：

1. 該日集會演講原已依法申請並期以合法和平之方式舉行，惟治安單位多方阻撓，致未能如期在原定之高雄體育館或扶輪公園舉行，群眾不得已聚集十字路口，終致秩序紛亂。

2. 該日只預備標語牌、火把及滅火器，並不足以暴動內亂，至為灼然。至於部份民眾任意拾取路旁木材行之木材，房屋建築工地之模板，安全島上鋼筋及磚塊等，用以攻擊憲警，並非被告等所能預料，彼等所用之工具，顯與叛亂意圖，毫不相當。

3. 情治機關出動重裝備鎮暴車，數度縮小包圍及施放催淚瓦斯；鎮暴部隊人員並使用電棍

15 韓忠謨著刑法各論第二七頁。

毆打民眾，也曾以三角隊形插入人群，極盡挑釁之能事，群眾迫不得已，唯有突破憲警包圍。群眾之行為，為刑法上之緊急避難行為（刑法第二十四條）[16]。

（七）被告等固未成立著手實行內亂，也尚未構成陰謀或預備內亂之行為

查對於陰謀或預備內亂行為，必予以處罰，始克有效遏阻內亂，惟應嚴格區分「預備」（或「陰謀」）與僅在犯罪之前的「犯罪決意」。在文明國家裡，任何人不因其思想而受處罰（拉丁法諺cogitationis poenam nemo patitur可資查考），行為人縱有「犯罪決意」，也不受處罰。應嚴格區分「犯罪決意」與應予處罰之「預備」（或「陰謀」），始不造成冤獄，否則令人有「腹誹有罪」之譏誚！

預備或陰謀內亂行為具有主觀與客觀之要件。在主觀要件之認定方面，必須行為人已備有行為計劃；在計劃中，顯現犯罪決意以迄行為結果之整個因果相連之關係。在客觀要件之認定方面，必須行為人其所應用之方法或工具，與行為人犯意所企欲實現之目標之間，具有切實相當之關係[17]。為證明上述主觀及客觀要件，可得藉下列措施達成：

16 上述鎮暴部隊「未暴先鎮，鎮而後暴」之作法，再加以王玉雲市長要刑警隊長施淵源找流氓來反制（警總南區司令常持琇口述歷史刊載新臺灣研究文教基金會出版暴力與詩歌—高雄事件與美麗島大審頁一〇六），在瑞源路鳳凰橋餐廳埋伏的流氓拿木棍衝出來，那些流氓帶頭攻擊軍警製造暴動，軍警機關之主事者及其幫手，顯然以陷阱教唆（agent provocateur）引起群眾暴動。

17 參照Guenter HENNKE著Zur Abgrenzung der strafbaren Vorbereitungshandlung beim Hochverrat刊載Zeitschrift f. d. ges,

預備或陰謀內亂行為，必須客觀上確定，而且在行為人主觀之觀念上，有確定之範圍。更明確以言，行為人必已確切地決定其終極之目標；而且行為人所實施之準備行為與其目標之間，具有時間上及事實上相連關係，又準備行為具有實現目標之危險[18]。本件被告等被訴之行為，並無任何一項行為，符合預備或陰謀內亂行為之主觀與客觀要件。綜上所述，被告等並未構成內亂罪，至為灼然，警總軍事判決及國防部覆判決，皆亂判叛亂。

三、自白?罪證有疑

（一）按被告等自白、非任意性也無真實性，固無證據能力，更不生證據力（已如前述二（五）4.）

（二）查罪證有疑，利於被告（in dubio pro reo）之原則，為文明國家刑事訴訟上之重要原則依照此原則，倘法官對於被告應受無罪或有罪之重要事實發生疑問時，應為有利於被告的推定。

換言之，對於被告之犯罪事實，法官未能予以積極的證明，則應予被告無罪之判決。此項原則，在英美法系上，已經成為刑事訴訟法的鐵則，並且在法典上設有明文規定。例如紐約州刑事訴訟法第三八九條規定「被告在非經證明有罪之前，應推定為無罪的人，在罪疑不確的場

---

18 參照Schoenke Schroeder著Kommentar Zum Strafgesetzbuch §83。Strafrechtswissen schaft 66 Bd S 391 ff。

合，應受無罪的判決。」又若證據力未能達到無可置疑之程度時（beyond a reasonable doubt），不得採為有罪判決的基礎[19]。

德國刑事訴訟法雖未以明文規定，惟自十九世紀建立自由心證主義以來，上揭原則，已成為毫無爭論，牢不可破的刑事訴訟之習慣法[20]。德國法院業已明確地承認其為證據法則（參照聯邦法院刑事判決第十卷第三七三頁；第十二卷，第二六頁等）。

中國法諺謂「與其殺不辜，寧失不經」，又唐律斷獄三四－一云：「諸疑罪，各依所犯，以贖論……」，我國學者陳樸生教授，也確認「罪證有疑，利於被告」之原則[21]。

又犯罪事實應依證據認定之，無證據不得推定其犯罪事實，我國刑事訴訟法第一五四條及軍事審判法第一六六條分別定有明文；再者，不能證明被告犯罪者，應諭為無罪之判決，刑事訴訟法第三〇一條及軍事審判法第一七五條也分別定有明文。

本件除被告之自白及不利於己之陳述外，並無積極證據足以證明被告具有內亂犯意；而上舉自白及陳述，其任意性及真實性也被動搖，在此情況下，軍事法庭應依罪證有疑，利於被告之原則，為被告無罪之判決。

19 參照蘇俊雄著，刑事法學的方法與理論，環宇出版社，民國六十三年四月初版第一二六頁。

20 參與Kern-Roxin Strafverfahensrecht 11 Auflage C.H. Beck / Munchen第七〇頁；Hans-Heinrich Jescheck Lehrbuch des Strafrechts Allg, Teil 1969 Duncker & Humblot / Berlin第一〇二頁。

21 陳樸生著刑事證據法三〇九頁。

貳、法政角力四十年

一、抵抗惡法　挑戰法統

（一）美麗島雜誌（一九七九年九至十二月共四期）有很多論述挑戰法統並抵抗惡法，其中特別有

1. 黨外政論（社論）〈民主萬歲〉（第一期頁四）：「中美斷交宣告國民黨政府三十年來外交政策的全面破產，也使國民黨政府面臨統治臺灣三十年來最大的政治危機。這一政治危機的真實內涵即是國民黨政權合法性的問題，也就是廣大人民對其政權的信任危機問題」（頁五）。

2. 呂秀蓮〈談法統〉（第一期頁二十）：「所謂法統Legitimacy是指政權的合法性Legality及合理性Juridication而言。一個政權的取得，固然是靠實力，但取得政權後，它必須靠制度運作來持續其存在，並發揮其力量。制度確定之後，它必須得到全民的向心Consensu

「與接受acceptance。……凡能與時俱進的，便是有合理性，否則，便會遭到人民的對抗，甚至唾棄」。

3.姚嘉文〈叛國論－國不可叛民不可辱〉（第一期頁六一）點出：「如現存政權不得人心，人民起而抵抗，則叛亂與革命，即難劃分」。

4.黃信介、費希平、康寧祥〈就我們所面臨的三項政治問題向行政院孫院長提出質詢〉（第二期頁七）提出三項政治問題即：

①如何實施政治改革。

②如何加強中央民意機構（即國會改選，建議實行退休制度，並擴大辦理增補選）。

③如何建立民主體制。

5.尤清〈論抵抗權〉（第二期頁七九）：

「對於掌握統治權力的人之顯然非法行為，人民有權力拒絕服從（被動抵抗權）或用暴力抵抗（主動抵抗權）。惟抵抗權僅在其他法律救濟手段無力之時，始得行使；抵抗權並非排除非法行為的通常手段，而僅是迫不得已時的最後手段」（頁七九）。

『一九六八年六月二十四日西德國會將「緊急情況條款」與「抵抗權」訂入基本法。……基本法第二十條第四項規定：對於任何從事破壞此一秩序之人，倘無其他救濟之方法，一切德意志人民，有抵抗之權利。上述「此一秩序」包括基本法第二十條第一項、第二項及第三項所定原則，即聯邦共和、權力分立及法治國家之原則。為了進一步詮釋上述抵抗權，有必要討論西德聯邦憲法法院一九五六年八月十七日的所謂「德國共產黨判決」。該判決判定德國共產黨（KPD）為違憲，並應解散。該判決也闡釋抵抗權。「基本法並未規定抵抗權，然而對於在基本法之秩序中，應否承認抵抗權之問題，並非即予否定。尤其新（憲）法之理解，並非對於反抗顯然非法之政權的抵抗權，陌生見外。何況，經驗顯示，對抗此類（非法）政權，通常之法律救濟手段，無能為力。」（西德聯邦憲法法院判決第五集第三七六頁）。因此，除了國家權力分立與制衡以及建立有效之法律保障，以維護憲法之外，原則上尚需承認內歛於基本法本身的抵抗權。然而抵抗權應作保守之解釋。抵抗權僅作為「保持或回復法秩序之緊急之權利。」換言之，並非作為人民革命之權利。又，抵抗權所欲排除之非法行為必須已顯然可見，而且為了排除非法，並無其它可預見之有效法律救濟手段，可資利用，才得運用抵抗權作為保持或回復法秩序之最後手段』（參照前揭書第三七七頁）（頁八十－八一）[22]。

上揭編者案文更有畫龍點睛之妙用。

22 該文編者案：『對統治者運用「不當的法」（Unrichtiges Recht）以侵害人權（如人權宣言中所確立的原則），人民有權反抗（甚至以暴力反抗，即革命的權利），在西方，這項源於自然法的觀念有其久遠的宗教與政治淵源。本文作者是西德海德堡大學的法學博士，就此淵源將「抵抗權」的觀念作一闡述。在我國古代，孟子堅持政治以人民為出發點，以人民為歸結點，肯定人民對暴虐政治的革命權利和對暴虐統治者的報復權利：聞誅一夫紂矣，未聞弒君也。（梁惠王篇）夫民今而後得反之也；（梁惠王篇）因此，孟子的政治思想成為「針對虐政之永久抗議」（蕭公權先生語）。我們在反省現有之法秩序時，這東西兩大傳統之文化遺產應給我們很多啟示。』

6.尤清〈淺談法治與人權〉（第四期頁四十）特別引用G.Radbruch教授所提出「法的價值思想」有三：一、正義性；二、合乎目的性；三、法的安定性。

『所有法律，都為追求及實現正義。那麼，當法的正義性和法的安定性衝突時，究竟是法的安定性優先呢或是法的正義性優先？這也就是國家實定的立法優先或超越了國家實定法的自然法優先的問題。關於這個問題，他提出了幾個觀點：第一點：當法的「正義性」與法的「安定性」相衝突時，原則上國家的實定（證）法占優先，也就是為了法的安定，承認實定法優先。但是，如果國家的實定法抵觸正義性，達到不可容忍的地步時，則法的正義性優於法的安定性，換句話說，應該為了正義而否定實定法。

第二點：國家的實定法，假如不追求正義，並且違反公平，那麼這種法律，不但是一個「不正的法」（Unrichtiges Recht），而且失去了作為法律的資格。第三點，法律是為了追求及實現正義。正義是要求公平與合理，合乎了這個原則的法律，才能算是一個自然法及理性法。[23]以上第一、二兩個觀點，在德國的司法判決已經採納了，尤其在希特勒時代的許多違反正義的法律，戰後都被判定為無效，依照無效法律所作之行為，也

23 以上詳參Gustav Radbruch, Gesetzliches Unrecht und Uebergesetzliches Recht, Sueddeutsche Juristen Zeitung (1946) S105-108現已收入Gustav Radbruch Gesamtausgabe（全集）Bd.3, S.83-93。另詳Radbruch Vorschule der Rechtsphilosophie，參考Gesamtausgabe Bd3.頁121 (142-150)。
又法律之合理基礎在於人類之正義情感（Sentimonto justicia）詳參尤清漢譯Giorgio Del Vecchio法哲學第三篇法律之合理基礎，刊載政大法學春秋創刊號，一九六四年五月，頁二十五。

當然無效』（頁四一）。

（二）惡法非法，判決無效

1. 按Radbruch上揭所稱國家實（制）定法違反正義到無法忍受，必須讓步於法正義，這是「無法忍受命題」的內涵；而實（制）定法根本違反公平，就失去法律的資格，這是「否認命題」的內涵。

 二戰後，德國聯法院在判決中，同時應用Radbruch公式的「無法忍受命題」及「否認命題」而判決納粹「惡法」自始無效。（詳參聯邦法院刑事判決第二集頁二三四，二三八以下；聯邦法院民事判決第三集，頁九四／一〇七；聯邦憲法法院判決第二十三集頁九八以下。）

 兩德統一後，德國聯邦法院在「圍牆射殺」案中，也應用Radbruch公式，認為東德的邊界法根本無效，「…實證法必須讓步於正義」（詳參聯邦法院刑事判決第四十一集頁一〇一／一〇五）。

2. 一九九〇年五月二十日李登輝就任總統，就美麗島軍法案件，宣佈「特別特赦」，依赦免法第三條後段之規定警總軍事判決，就美麗島事件「罪刑之宣告為無效」。

（三）戒嚴殘害人權，三十八年後才解嚴

臺灣警備總司令部（簡稱警總）常藉戒嚴法及戒嚴令剝奪或限制人民的自由權利（停止集會結社遊行請願並取締言論、新聞新誌等），不問其「與軍事有妨害」與否（戒嚴法第十一條第一項參考）。依憲法規定，人民之自由權利，除為防止妨礙他人自由，避免緊急危難，維持社會秩序或增進公共利益所必需者外，不得以法律限制之（憲法第廿三條）對於人權的限制不得超過必要範圍，也就是法治國家所強調的方法與目的相成比例的原則。事實上，警總插手禁止美麗島雜誌社人士在國際人權日舉辦集會遊行，顯然違反比例原則，且本集會遊行也與軍事無妨害。此為將人權保障軋孔得「漏凄凄」的惡例。

一九八七年七月十五日總統蔣經國宣布解除戒嚴，戒嚴令持續三十八年五十六天。該戒嚴法制逐漸解體，但懲治叛亂條例、檢肅匪諜條例及刑法第一〇〇條等殘存到國會全面改選（一九九二年）總統直選（一九九六年）後才逐一消除。

（四）挑戰法統

1. 從黨外時代到民進黨成立初期全力挑戰「萬年國會」未定期改選及總統「世襲」，並推動公民投票激勵人民直接民主。一九九一年十二月三十一日第一屆國大代表、立法委員、監察委員才全數退職。十二月十九日改選的第二屆立法委員，在一九九二年二月一

日就職，臺灣全面改選的國會才成立。

一九九六年三月二十三日舉行首次總統直選，李登輝、連戰當選總統副總統，五月二十日就任。中央政府統治及國會立法才有形式正當性。

一九九〇年十一月十七日「公民投票促進會」在蔡同榮倡導下成立，並在一九九一年九月八日舊金山和約四十周年紀念日在臺北市舉辦公投大遊行，提出：「舉行公民投票進入聯合國，廢除刑法一〇〇條與釋放臺獨政治犯三項訴求」；在長期抗爭後，延至二〇〇三年底制定公民投票法（二〇〇三年十二月三十一日施行，二〇一九年六月十八日又修正），並舉辦多項全國性公投，開啟直接民主的立法程序。

2. 在現代憲政國家中，其民主並非建立在「同一性」（Identitaet）之上，而只建立在「代表性」（Repraesentation）之上。議會直接由國民選舉而為正當（Legitimiert），有規則地定期改選以證實對國民負責，議會反映不同地區的利益與不同的政治潮流。挑戰法統第一步即要求國會定期全面改選。德國法學者史密特 Carl Schmidt 在一九三二年發表「正當性與合法性」（Legitimitaet und Leg litaet）一文，將正當性與合法性加以區分，並認為二者具有相互取代的關係。在該文第二部分討論威瑪憲法中的三個「特別立法者」中提出：「公民投票的正當性取代立法國家的合法性」的命題。[24]在國會立法之外，又

24 當時的威瑪憲法第七十三條第三項規定國民表決（Volksentscheiden）的制度，這一種直接民主的國民立法程序所制定的法律就與國會依正常立法途徑所制定的法律產生平行競爭。在國會的合法性與公民投票的正當性兩種並行系統之下，國會

主張公民投票，以直接民主方式參與政策及立法，以防止國會多數踐踏民主。

「合法性」一詞最簡單的解釋是：國家權力，依法律所規定的方式取得並行使。然而「正當性」則為對於國家權力的價值性贊許（即規範的正當性）或事實上的贊許（即社會的正當性）。

「社會正當性」是：國家的秩序在當時代的社會確實地加以接受與讚許的。至於「規範的正當性」，乃證明國家權力之合乎倫理性的正當。依照歷史發展來觀察，某些特定的目的，只能由國家的存在始能達成。這些目的是：保護人類以防自相殘殺，保障和平與提供公正合理的秩序，也只在這種秩序中，人類才能充分形成並發展其人格。最後這點，也就是現代民主國家確保人民自決權（Selbsbestimmungsrecht）的依據。

所制定的法律與公民投票所產生的法律，其效力孰高孰低？依史密特的觀點，「民主政治的結果，國民的代表，面對著其所代表的國民必須經常有所退讓，此依照盧梭所辯論的：當被代表者自己說話的時候，代表者必須沉默。此為直接的公民投票及代議的民主的辯論。然而，倘國會的代表性喪失，且不被信仰時，公民投票的優越，也就越大。」由上可見「正當性與合法性」概念的端倪。歷經希特勒獨裁浩劫，在驚魂甫定之餘，他在一九五七年重刊他的論文集，也為這些概念做了補述。在「合法性的難題」（Das Problem der Legalitaet）文末的詮釋中，對於「正當性與合法性」關係之發展，作了歷史回顧。討論到希特勒時，他特別明白地說：「希特勒業以利用合法性作為他的最強武器」。Hitler hat sich der Legalitaet als einer staerksten Waffe bedient參閱他的憲法文集Verfassungsrechtliche Aufstaetze第四五〇頁，並參照尤清著法統論—政權的正當性與合法性，載博觀叢書②，扯下法統的假面具一九八三年，頁四一－四八。希特勒所利用的合法性的依據是：威瑪憲法第四十八條（緊急命令）及第七十六條（憲法破棄），以及他控制的國會所制定的授權法。有關正當性之闡釋，詳參Reinhold Zipplius, Allgemeine Staatslehre，一九八二年，頁一一一以下。

國家機關及法律權威，並非單憑強制力所能維繫，更重要的，掌權者取得統治權是否獲得當代社會之多數人價值確信之認可，進一步說，該支配人民之法律是否與人民的法確信兩相一致，才是其權威存亡的關鍵議題。因此，在考慮「合法性」之際，有必要兼顧正當性。個人固然受國家權力的支配，惟同時並存的，個人也有權參與國家權力。在這原則下，只盡最大可能，讓人民共同參與及共同決定，國家權力之取得與行使始為正當。法律是為了追求與實現正義：假設國家的實定法不追求正義並且違反公平，那麼這種法律，不但是一種不正的法，而且失去了作為法律的資格。依法定程序制定與頒布的法律，只要違背正義，並非得假借法定程序使得國家之不正取得其正當性。法治國家固然要求法之安定性，也不能放棄實質之正義。立法，除應遵照正義理念，更應配合社會之發展，與時並進。

人民自由與國家的權威並非對立，而是相互增補。為對抗加諸國家與人民安全之危害，固然需用法律制裁手段，惟治安機構只獲得民眾支持始能完成其沉重的任務。法治之目的在於保障人民，以免國家機關恣意擅斷，亦防止國家威勢及多數獨裁之逼害。因此，我們更期待獨立之司法得以普遍保護人民之權利。

二、組黨輪政（合法顛覆政府）

（一）一九八〇年三月二十日，在軍法庭審理中，施明德曾辯解：「民主政治下，都有合法顛覆政府，像美國四年改選一次，我們目的是要建立沒有黨名的黨，全民參政、改造國會，這樣奪取政權是合法的，除非政權是一黨所有」[25]

這些挑戰性的話語，透過新聞報紙傳播，更勾起回憶。一九六〇年代自由中國雜誌雷震、傅正、高玉樹、何春木等先賢組黨被打壓而功敗垂成。一九七〇年代黨外人士余登發、黃信介、許信良、康寧祥、姚嘉文、張俊宏等前輩辦雜誌，又組選舉後援會，皆朝向組黨目標，踏步前進。

（二）一九八二年九月博觀雜誌掀開黨禁之法律論戰[26]

歷經比較法學會公開研討德國政黨法制[27]奠定依據憲法自由組黨的法理基礎。在組黨前，

25 一九八〇年三月二十日施明德審理筆錄。

26 一九八二年十月一日出版博觀新誌第二期刊出尤清「憑什麼制止組黨－對行政院所謂依法制止組黨的嚴正聲明」認為組織新黨，沒有法律障礙，憲政的政黨與軍事無關，何妨害之有？哪能把戒嚴法第十一條當作黨禁的依據。詳參尤清，民主進步黨組黨－思想策略及影響，載尤清著民主政黨人民自決憲政改造，二〇一八年，頁七八（九〇）。

27 比較法學會一九八二年年會尤清報告：「論德國政黨法」（詳參中國比較法學會學報第五輯一九八二年頁131以下），論述政黨自由及政黨平等，並強調政黨違憲，在憲法法院決定前，行政官署不得侵犯該政黨之存在或干擾其活動。尤清前揭文，頁九一。另尤清「德國政黨法的基本原則」（一九八四年比較法學會研討會論文）尋繹政黨自由、政

黨外公共政策研究會設立各縣市分會發展基層組織，在面臨執政當局強制解散之際，更揭櫫「行憲與組黨」的議題[28]。

縱然，在一九八六年九月二十八日宣布組黨後，面對執政當局打壓，除了強調政黨的憲法地位外，仍再主張：人民有組織政黨之自由及各政黨應平等競爭，此都可從憲法找到依據。在法律論戰中，先站穩立足點。當年總統蔣經國在民進黨組黨十天後，會見美國華盛頓郵報發行人葛瑞翰女士，強調組黨應遵守憲法，也間接地承認民主進步黨存在的事實[29]。

（三）建立民主進步政黨典範

1. 組黨初期，仿照歐洲民主政黨黨綱並參考黨外選舉共同政見，依學術規格研擬黨綱。黨綱包括基本綱領及行動綱領，揭示建黨理想。在民主進步黨基本黨綱－我們的基本主張

---

28 一九八六年五月三十日舉辦「行憲與組黨」座談會，同年五月十四日尤清在自立晚報發表「健全政黨政治基本原則芻議」強調政黨之組織與運作，皆應遵守憲法，只有違憲政黨始得予以解散。是否違憲應由司法院大法官會議審理。尤清前揭文，頁一〇八。

29 一九八六年十月六日尤清在民眾日報發表「組黨的依據是憲法」，強調我國沒有政黨法，而戒嚴法並沒有戒嚴時期「黨禁」的條款，當然只有回到憲法。憲法（第一、二、七、十四條）都肯定政黨政治，政黨自由及各政黨平等競爭。十月八日華盛頓郵報發行人葛瑞翰夫人拜會蔣經國前，曾會晤組黨人士，尤清以該文英文摘要說明組黨的依據是憲法。當（八）日蔣經國總統會見葛瑞翰夫人說：「任何新黨都必須遵守憲法，支持反共的基本國策，並與臺獨運動劃清界線。」（十月九日中國時報第一版）蔣經國強調組黨應遵守憲法，也間接地承認民主進步黨存在的事實。尤清前揭文，頁一一八。

（基本綱領行動綱領參照民主進步黨官網）明定：

①民主自由的法政秩序
②成長均衡的經濟財政
③公平開放的福利社會
④創新進步的教育文化
⑤和平獨立的國防外交

2. 當時，為避免執政當局將新組織的民進黨誣指為違憲政黨或叛亂團體，或亂指為「敵對憲法」的政黨，而將之排除在憲政秩序之外。在制定基本綱領時，仿德國聯邦憲法法院判決（社會帝國黨判決、聯邦憲法法院判決第二集第十頁）及刑法第九十二條第二項所詮釋之自由民主的基本秩序，列入民進黨基本綱領甲民主自由的法政秩序前言，如下文：

「民主自由的法政秩序：民主自由國家應排除任何形式的暴力與專制，建立在依據多數人自由意志、自主決定為基礎的法政秩序上，並遵守下列基本原則：保障基本人權、國民主權、權力分立與制衡、責任政府、依法行政、司法獨立、政黨平等與自由（基本綱領甲、民主自由的法政秩序前言參照）」[30]。

30 臺灣司法院大法官釋憲也仿德國詮釋「自由民主的基本秩序」（詳參二〇〇〇年三月二十四釋字四四九解釋二），又憲法增修條文第五條第五項規定「政黨之目的或其行為，危憲中華民國之存在或自由民主之憲政秩序者為違憲」。二〇一上文除預防執政當局打壓之外，更為民主政黨建立典範。

3. 依據憲法國民主權及民主自由平等原則，人民有自由組織民主政黨之權利，各政黨應平等競爭。民進黨創黨之初，就主張民主國家的政黨必須遵守複數政黨制、政黨自由、政黨平等、政黨內部民主等四大原則。

民進黨黨綱及黨章皆符合上述原則，建黨三十多年來，民進黨也依上述原則運作，民進黨作為民主憲法下的政黨，足為後世建立典範。惟目前黨員對於民進黨提名公職候選人，未經黨員投票決定乙節，仍有諸多批評，又對撤廢鄉鎮區級黨部，迄今仍忿忿不平。

(四) 民進黨扮演民主轉型的推手，並促成臺灣政黨兩度輪政

1. 一九七〇年代南歐葡萄牙（一九七四年）、希臘（一九七四年）、西班牙（一九七五年）相繼興起民主運動，人民起來反抗並推翻威權政體，制定新憲法，選舉新國會並組

七年一月十七日德國聯邦憲法法院在「德國國家民主黨判決」中針對「自由民主的基本秩序」所保護之法益，再作詮釋，將人之尊嚴、民主原則及法治國原則，列入此基本原則（詳參該判決要旨3），詳參尤清政黨之憲法地位任務及違憲爭議，刊載法學叢刊（二〇一八年）第六十三卷第二期，頁一（十八）。

織新政府，也開啟社會及經濟民主化[31]。

2. 漢廷頓（S. Huntington）針對第三波民主化，歸納有五項因素：甲、經濟發展與經濟危機；乙、合法統治權威的衰落及政績的困局；丙、宗教立場的改變；丁、外來勢力的新政策；戊、滾雪球效應。後者又稱為骨牌效應（domino effect），大大提高民主擴散的相加相乘連鎖效應[32]。臺灣經濟發展偏重對外貿易，造成農業蕭條，又大型國營黨營企業及公營特權銀行壟斷等，造成經濟危機。國會四十多年未全面改選，威權統治的正當性遭到強烈挑戰。南韓及菲律賓（一九八六年二月菲律賓人民力量推翻馬可仕）民主運動，大大衝擊臺灣，也產生骨牌效應。在世界上各種民主力量蓄勢待發，臺灣民主進步黨適時成立並投入選舉，順利扮演臺灣民主轉型的要角，推動了國會全面改選（一九九二年立法院全面改選）及總統直接改選（一九九六年），但未能像葡萄牙、希臘轉型後，制訂新憲法。臺灣在李登輝全面掌政後，也如同蔣經國，對於政治轉型採漸進主義（Gradualism），至為遺憾！

3. 三十年來，民進黨建黨衝擊臺灣政治，由威權統治轉型為民主，也衝擊黨政軍特權企業之壟斷經濟，而能逐步建立市場經濟。民主進步黨在二〇〇〇年始執政中央，二〇

31 詳參G.O' Donnell,P.C.Schmitter and L.Wtitehead (ed), Transitions from Authoritarian Rule,1986，有關葡萄牙轉型pp.109-137希臘pp138-167西班牙pp71-107。

32 詳見Samuel P.Huntington The Third Waves Democratization in the Late Twentieth Century, 1991 pp13-26。

一六年再度輪政。合法顛覆政府！臺灣民主及市場經濟之轉型成就，普獲國際肯定，依Bertelsmann基金會所作的轉型指標Bertelsmann Transformation Index，二〇〇八年評定為全世界第二名，二〇一六年為全世界第一名。（詳見該基金會官網）固然，依民主轉型之經驗，通常以在自由公平選舉下，正常兩次政黨輪替，作為民主鞏固的界限[33]。然而，中國崛起後，在國際影響力漸增，多方阻礙臺灣邁向國際舞臺，更對臺灣政經多方滲透，臺灣國內外民主逆流，風起雲湧。

4. 經過三十年民主轉型後，臺灣仍像民主轉型國家一樣面臨民主鞏固及深化之困境，如何透過「防止民主崩潰」(avoiding democratic breakdown)、「防止民主腐蝕」（avoiding democratic erosion）等預防性作為，而達成「完成民主」(completing democracy)，有待大家共同努力。民進黨二〇〇〇年首度中央執政後，曾倡言臺灣正名及制憲，但迄未付諸實現，令人望穿秋水！

三、自決、制憲、正名、加入聯合國

（一）關於自決

一九八〇年三月二十五日軍法審判中林義雄論述：

33 Przeworski,Adam Democracy and the Market, : Potitical and Economic Reforms in Eastern Europe and Latin America, Cambrig 1991。Andres Schedler, What is Democratic Consolidation? Journal of Democracy Vo 19, No 2 (1998) pp93-95。

「自決，臺灣前途應由居住在臺灣的一千七百多萬人——包括本省人及外省人來共同決定，那是根據我所信仰的民主理想當然的結論，這也絕不是什麼臺獨意識，一千七百多萬人也可能共同決定馬上反攻大陸[34]。」

（二）人民自決原則

早被納入聯合國憲章，人權公約及大會宣言之中，且歷經持續不斷的實踐建立新國家，並經國際法院確認及國際法學者權威著作贊同而逐步建立法律確信，已由政治原則變成為法律權利。自決原則經國際法院確認為具有普遍性的強制規範（ius cogens），各國有義務促成自決權之實現[35]。又二〇〇九年三月臺灣立法院批准公民與政治權利國際公約及經濟社會文化權利國際公約，並制定兩公約之施行法，將兩公約內國法化，該兩公約的第1條第1項都規定所有人民都有自決權，他們憑這種權利自由決定他們的政治地位，並自由謀求他們的經濟、社會和文化的發展，臺灣人民依此擁有自由決定自己命運的權利。

34 一九八〇年三月二五日林義雄審判筆錄，呂秀蓮編著重審美麗島一九九七年頁三五一。

35 有關自決，詳參尤清，人民自決與補償性分離—兼評國際法院Kosovo案諮詢意見—刊載於尤清著民主政黨人民自決憲政改革二〇一八年，頁一四五—一六八。

（三）一九七〇年聯合國大會第二六二五號決議

通過關於各國依聯合國憲章建立友好關係及合作之國際法原則之宣言，其中揭櫫人民享有自決權，特別強調「人民自由決定建立自主獨立國家，與某一獨立國家自由結合或合併，或採取其他任何政治地位，均屬人民實施自決權之方式。」（第四項），依本（四）項規定，人民自由決定建立獨立國家，也可以與其他國家合併。

又「以上各項（有關自決權規定）不得解釋為授權或鼓勵採取任何行動、局部或全部分割削弱主權獨立國家之領土完整或政治統一，只要這些國家遵守前述平等權及人民自決之原則，因而擁有一個足以代表該領土上全體人民，而不會因其種族、信念或膚色的差異而加以區別的政府。」（第七項）上揭第七項，嗣後又由聯合國一九九五年維也納人權宣言再度重申，並將「不會因其種族、信念或膚色的差異而加以區別政府」修定為「一個足以代表全體人民，而不會施加任何形式區別的政府」等字句，如此擴大人權宣言適用的範圍[36]。

36 尤清上揭文頁一四八－一四九。又依上揭第七項反面解釋：施加區別的政府，就不足以代表該領土上全體人民，那麼人民就可以行使自決權。美麗島事件被告為選舉參政，竟被判處叛亂罪刑，顯然排除參政，施加區別（歧視）。那麼美麗島政團及其附隨的人民，當可行使自決權而主張臺灣獨立。本案判決無異給予自決獨立之堅實依據。

（四）國際法學界視之為防衛條款

既防衛國家領土主權，也防衛人民自決權，[37]因此人民自決權與國家領土完整原則，矗立在同一高度，不分軒輊，在「對內自決權」被拒絕，最後不得已時，人民可行使「對外自決權」作「補償性分離」[38]獨立建國。國際法院二〇一〇年發布諮詢意見書認定科索沃宣布獨立，不違反國際法之餘，更認為領土完整原則，僅適用於國與國之間，[39]亦即不能藉領土完整原則限制國內族群自決而分離獨立。

（五）人民自決權經歷六、七十年的實踐，呈現多種面貌

有很多亞、非國家行使自決權脫離殖民統治；也有非殖民地的人民，例如孟加拉、厄利垂亞（Eritrea）及東帝汶等，在紛爭中分離獨立。最近這三十年來，波羅的海三國脫離蘇聯而復國，蘇聯解體而成立十六國，南斯拉夫解體而成立七國。捷克與斯洛克瓦克雙方和平協議，分成兩國，而東西德三十多年前同時加入聯合國之後，也在二十多年前經由自決而復歸統一。德

37 有關防衛條款，詳參國際法學者A.Cassesse及J.Crawford論述，參閱尤清人民自決與補性分離，兼評國際法院Kosovo案諮詢意見，刊尤清著　民主政黨　人民自決　憲政改造　二〇一八年，頁一五〇－一五二。

38 有關補償性分離，參照L.Buchheit及C.Tomuschat論述，詳參尤清前揭文頁一五五－一五六。

39 國際法院Kosovo案諮詢意見，參照尤清前揭文頁一六一。

國各界皆以人民自由自決決定統一，引以自豪。人民行使自決權，可使國家分裂，也可使國家統一。

（六）七十多年來，海峽兩岸分立分治

互不隸屬，事實統治之疆界，明確劃分，涇渭分明。一九四九年中華人民共和國成立，繼蒙古之後，分據中國大陸，使中國解體，但迄未跨海佔臺澎金馬。

一九四五年蔣介石藉盟軍指令佔領臺灣，而使中華民國苟延殘喘。一九五一年舊金山和約日本放棄臺澎一切權利（一九五二年中日和約亦同），臺澎主權回歸臺灣人民，臺灣前途由臺灣人民決定。

（七）一九九〇年代以來，在國民黨李登輝前總統主導之下，多次修憲

由臺澎金馬人民全面改選國會，並在一九九六年直選正副總統。形式一中的憲法已在蛻變演化之中。一九九九年七月九日李登輝接受德國之聲訪問時，更指出兩岸是特殊國與國的關係，留給後世寬廣的揮灑空間。民進黨在野期間，一九九一年在基本綱領中增列「建立主權獨立自主的臺灣共和國」，一九九九年制定「臺灣前途決議文」，主張「臺灣是一主權獨立國家，任何有關獨立現況的更動，必須由臺灣全體住民以公民投票的方式決定。」

二〇〇〇年臺灣政黨輪替，在陳水扁總統及呂秀蓮副總統領導之下，臺灣中國一邊一國的

兩岸政策逐漸成型，並積極追求正名、制憲並加入聯合國，以建立正常化國家。

二〇〇八年中國國民黨再度輪流執掌中央政府，二〇一六年民主進步黨二度輪政，惟民主進步黨曾倡言臺灣正名及制憲，迄未付諸實現，令人望穿秋水！蔡英文總統在二〇一六年九月二十四日民進黨全代會上強調憲改，何不啟動制憲，才符合人民期待！

（八）美國、日本及歐盟各國皆主張兩岸的現況statusquo[40]

不得以非和平方式片面改變。未來臺灣人民以自決之方式決定臺灣前途，決定臺灣獨立，不違反國際法之領域「占有保持原則」（uti possidetis），[41]也不違反美日歐盟之政策期待。中國（共）不能藉口捍衛領土完整，動武對抗人民自決權，那不僅師出無名，更觸犯國際社會之大不諱。

---

40 關於Status quo參閱S.Wasum-Rainer, Max-Plank Encyclopedia of Public International Law.歷史上，從一六四八年來，西伐利亞和平peace of Westphalia之模式，就認定確保現狀是國際政治之核心價值。歷經兩大戰，以迄戰後歐洲安全及合作會議最後協議（Helsinki一九七五年）以及布蘭德東進政策之基礎，都在於維持現狀。美國、日本及歐盟對於臺海兩岸之外交政策也堅持現狀，不得單方面以非和平方式改變現狀。

41 有關領域占有保存原則，詳參尤清臺灣邁向正常化國家之路—國際法及國際政治論述載尤清著民主政黨人民自決憲政改造二〇一八年頁一八六（二〇二—二〇三）。日本殖民統治五十年後，在一九五一年舊金山和約及一九五二年臺北和約中，放棄對臺澎權利，由臺灣統治當局有效統治七十多年，若經臺灣人民和平正當有效之公投自決建國，以現行臺澎之行政區域作為疆界，依uti possidetis原則，臺灣新國家以臺澎及其附屬島嶼為疆域，應為國際法所尊重。（頁二〇三）

（九）基於國民主權之原則，人民公投制憲

人民本來就是如同 Abbe Sieyes(一七七八－一八三六)所稱制憲者 pouvoir constituent，有權制憲。為制憲，可舉行公投。公投通過後，據此制定新憲法，也因此可將兩個公投提案同時交付公投，亦即（一）人民是否同意制定新憲法？（二）人民對於新憲法草案是否贊成？

臺灣統獨公投，勢必導致中國劇烈壓制，在國際現實政治中，也難期待美國、日本等國支持。退而求其次，先公投制憲。[42]制憲內容包括國號及領域。以國號及領域彰顯臺灣是獨立在中國之外的主權國家。臺灣邁向正當化國家，並爭取更多國家承認，逐步鞏固國際法主權（International legal sovereignty[43]。）

---

42 國際法院在Kosovo案諮詢意見含蓄地肯定Kosovo在改變疆域法律地位之前，未經人民公投，其宣示獨立並不違反國際法，二〇一〇年ICJ REP段一〇九以下，尤清前揭文頁一六二。另參考Jure Vidmar Let the People Decide: Independence Referenda and the Creation of New State該文列述自決，不限於公民投票決定自決權，但陳隆志主張舉辦公民投票讓臺灣人民決定臺灣的將來，他也提出臺灣公民投票的藍圖，詳參陳隆志《美國臺灣中國的關係：國際法及政策觀點》二〇一八年，頁三四九－三九六。

43 國際政治學者Stephen D.Krasner論述臺灣與歐盟稱：前者乏缺國際法主權International Legal Sovereignty而後者乏缺Westphalian主權。他從傳統之國家構成四要素：人民、土地、政府及主權出發並認為臺灣具有對內有效統治之對內主權及排除外來干預之Westphalian主權，但未普遍被承認且只在少數國家有代表（大使館），因此，臺灣缺乏國際法主權。Stephen D. Krasner, Theory Talks #21 Stephen Krasner, www.THEORY-TALKS.ORG；另參考Krasner, Sovereignty, Organized Hypocrisy, 1999, 頁1; 70。

（十）自決獨立建國路上，如何控管危機與衝突

自決獨立建國（含承認，繼承及納入國際體系，特別參與聯合國）是複雜且內外衝突不斷的過程。國際體系如何協助控管衝突？此涉及法律與政治層面。國際體系支持自決要求之判斷基礎，首先是國際體系之價值、利益及規範。該核心價值及利益是和平穩定及正當性（Legitimation）。和平穩定優先於自決權，捷克斯洛瓦克之自決分成兩個國家及Eritrea之自決獨立建國，皆透過和平之妥協（協議）。又對內自決被拒絕後，能否行使對外自決（即分離）之問題，國際體系在衡量自決要求與國家完整之間，也考量國際體系之價值、利益及規範[44]。國際控管衝突的先決要件是將國內（內政）關係納入國際體系成為國際化。

為此控管衝突之國際法的兩大核心價值為：維持和平（聯合國憲章第一條第一項）及自決權。自決權固然為聯合國憲章及人權公約所揭櫫之正當性基礎，但安理會在處理衝突所使用之方法，皆朝向促成衝突雙（各）方達成共識（或同意）作為目標，也就是朝向政治性而非法律性的解決爭端。衝突之各方不論是否為國際法主體，在政治上及法律上皆有義務誠信協商，[45]

---

44 Urs Saxer, Die international Steuerung der Selbstbestimmung und der Staatsentstehung, Heidelberg, 2010, 頁391-392。

45 和平解決國際爭端為聯合國憲章之核心原則，行使自決挑起爭端，應誠信協商，國際法院在Gabeikov-Nagymaros Project案（1997 ICJREP.7, Sept.25）認為當事國應不預設立場誠信協商。另參考J.I Charney and JRV Pescott, Resolving Cross-Strait Relations between China and Taiwan AJIL Vol 94 (2000) pp453-477 (472)認為臺灣自決前，宜誠信協商。

其方法包括協商、調查、調停、和解、仲裁、司法處斷或其他法律手段（聯合國憲章第三十一條參照）。

（十一）中國二〇〇五年三月十四日頒行反分裂國家法

其中第八條規定：「臺獨分裂勢力以任何名義、任何方式造成臺灣從中國分裂出去的事實，或者發生將會導致臺灣從中國分裂出去的重大事變，或者和平統一的可能完全喪失，國家得採取非和平方式及其他必要措施，捍衛國家主權和領土完整。」強調採取非和平方式及其他必要措施，該法固然違反聯合國憲章第二條第四項所揭櫫的禁用武力原則。[46]

若臺灣公投正名，中國採取非和平方式及其他必要措施，除武力軍事攻臺之外，也可能採取經濟抵制及禁運手段。依國際法學者M.Bothe見解；以軍事措施之外的形式所進行之敏感性威脅，例如經濟或政治壓力，則不屬於武力威脅。[47]但依臺灣關係法第二條b4規定：「任何企圖以非和平方式決定臺灣的前途之舉－包括使用經濟抵制及禁運手段在內，將被視為西太平洋地區和平與安定的威脅，而為美國所關切。」美國勢必採取措施因應。

46 臺灣作為有組織之事實政權適用聯合國憲章第二條禁武原則，詳參Randelshofer, in Simma (Hrsg.) Charter of United Nations 2012, Art 2 (4) Rdn 29。

47 Wolfgang Graf Vitzthum主編Voelker recht國際法（吳越，毛曉飛譯北京法律出版社）二〇〇二年Bothe執筆第八章和平維護與戰爭法，段十七。

（十二）加入聯合國成為會員是新國家融入國際共同體重要的一步

依聯合國憲章第四條第一項規定，只有國家才能成為會員，在被接納成為會員後，才確定那國家之國際法主體性及國家身分，也使得該國家之成立的正當性及合法性，不再被質疑。

在實務上，國際組織在處理入會案件，根據兩基本原則：一、會員會籍繼續原則；二、新國家並非自動在國家繼承中自動成為會員。此二原則可稱為國際法原則，也在聯合國入會案中普遍適用施行。[48]

適用首例：印度本來是聯合國的創始國之一，一九四七年印度分成印度及巴基斯坦。印度延續在聯合國之會籍，而巴基斯坦做為新國家，另行申請且被接受成為會員國。接納新國家成為國際組織成員，特別成為聯合國之會員國，是現在國家身分地位Statehood構成及鞏固的一要素，新成立之國家，固然已經符合章程所訂會員條件，但接納為國際組織成員是政治性質。[49]目前國際現實政治Realpolitik橫行，因此臺灣加入聯國合國，仍為一項艱鉅任務。

---

48 Saxer前揭書七四〇－七四二。

49 James Crawford, The Creation of States in International Law 2th Ed.二〇〇七年，頁一八〇。

結語

美麗島高雄事件是人民行使憲法所保障的言論及集會之自由權利與國家機關行使其行政權所引起的對立與衝突事件。對於人民行使其權利，以叛亂條例懲治，充分表徵威權統治。一九八〇年代臺灣反對運動主軸在於挑戰威權統治所謂之法統，抵抗惡法。一九八六年黨外人士成功組黨，得以推動威權統治轉型為民主，並展現執政雄心，終於在二〇〇〇年實現政黨輪政又在二〇一六年二度輪政。

新千禧年世代崛起，將擔負建立主權獨立國家正常化的艱鉅任務，也勢必面對內外激烈衝突，臺灣危機四伏，如何控管衝突及危機，面臨嚴酷考驗，有待智者千慮，並防一失。

臺灣民主可貴在於和平選舉。選後企望能和睦相處，更期待「阮若打開心內的門窗，就會看見五彩的春光」，啟開心扉，誠懇溝通，彌補選舉所造成的裂縫，拉近距離，促進團結，先在臺灣內部建立共識，才能對外採取一致行動；更期待兩岸之間能鋪設溝通互動架構，誠信協商，以尋得和平相處之道。八百多年前，朱熹留下「理一分殊，存異求同，月印萬川」十二字精華名言，發人深省。道理只有一個，解讀的角度不同而已，兩岸在存異求同進程，宜先擱置爭議，相互包容，和平相處！

※編按：本文原為臺灣法學會美麗島事件四十週年學術研討會主題演講文。

美麗島高雄事件：臺灣民主法治的轉捩點

尤清

在美麗島雜誌高雄事件相關軍、司法審判中，我為施明德、張俊宏、高俊明、張溫鷹、周平德、楊青矗、紀萬生、范政祐及吳振明等民主人權鬥士辯護。我深受他們獻身臺灣的偉大人格所感動。

一九七九年秋，在國民黨戒嚴統治下，美麗島雜誌吹響民主號角。我也用本名發表兩篇文章：〈論抵抗權〉（刊第二期）及〈淺談法治與人權保障〉（刊第四期）。前文呼籲人民挺身而起反抗暴政。前文首句：「對於掌握政治權力的人之顯然非法行為，人民有權利拒絕服從（被動抵抗權）或用暴力抵抗（主動抵抗權）。」後文文末引用德國自然法大師GUSTAV RADBRUCH（反抗納粹獨裁被停教授職位，海德堡大學教授）的話：「國家實定法律完全否定人權，這是絕對不正當的法律！」對不正當的惡法，人民不必遵守。這兩篇文章，直接挑戰國民黨的戒嚴法制。

一九七九年十二月十日，臺灣人民累積在心中的怨氣加上強烈要求民主人權的力量，爆發出高雄事件！當天，我正在文化大學法律研究所授課，未能親身參與這場歷史盛會，也因此逃過這一劫。

十二月十三日早晨，全臺大搜捕，到處風聲鶴唳，人人自危。當天晚上受難家屬分別找律師，我們參加比較法學會平民義務法律服務的律師，也開始聯絡並研商對策。十七日，我親臨高雄事件現場丈量相關的的道路及廣場的面積，並密訪親友，以了解事件發生的各種狀況，為未來辯護做充分準備。十二月中旬至第二年二月間，律師群在陳繼盛教授邀集下，密集研商辯護事宜。每人各盡所長，我從比較法及法律史角度報告歐洲十九世紀皇權及獨裁統治下（特別德國納粹），有關政治犯的法律及其審判。當年，我在德國海德堡大學也研究過這類課程，這番正好學以致用，來對抗國民黨的軍事審判。

一九八〇年二月廿八日，軍事審判開始。律師群首先挑戰一九五〇年蔣介石已下臺，且戒嚴令未經合法發佈，依憲法人民仍不受軍事審判。

接著，進行法律與政治辯論。我為張俊宏所提的辯護重點，集中於張是在遵守現行憲法及法律所確定的體制下，從事政治活動，並且倡導祥和，反對暴力及崇尚和平之政治改革。從一開始即鎖定張俊宏等被訴涉嫌叛亂者，在學理上為政治犯或國事犯，辯護上不能迴避政治思想的討論。我的辯護直接從憲法切入。依憲法人民有參政權。憲法所保障之人權包括：一、排除侵害的自由權，也就是人民之消極地位（Status negativus）。二、積極要求國家給付社會福利等權利，也就是人民的積極地位（status positivus）。三、主動參與政治事務之人民主動地位（status activus）。在戒嚴統治下，統治者及其軍、司法官心中只認為給予自由權利就已經是德政了，大多忽略人民還有主動參政之權利，豈能把人民參政錯判為造反。

在辯護意旨狀中，將張俊宏在其論述《臺灣社會力分析》、《我的沈思與奮鬥～二千個煎熬的日子》、《景涵選集》中所強調的：「流血與暴力是我一貫所反對的」、「我相信和平漸進的方式，必能促成民主政治的實現」、「我們所要創造的是一個溫和的改革力量」一一加以申論。

對美麗島雜誌及其各地分社所舉辦的各種活動，也解釋為「只不過是人民行使憲法上所保障的集會、結社及言論之基本人權而已，」以反駁起訴書上所稱：「以合法掩護非法，假藉爭人權、爭自由、爭民主等口號，發表偏激言論，詆毀政府，分化團結，並故意滋事，製造衝突事件，「長程與短程奪權計劃」兼施，以遂其非法顛覆政府。」。

相較於為張俊宏所作的思想上辯護，為施明德所提出的答辯，就顯得有些感性了。由於施明德有政治犯「前科」，觸犯的又是唯一死刑的懲治叛亂條例「二條一」，在「可能我的當事人是死刑」的心理衝擊，在辯護時用了許多感性的話語。

「敬愛的審判長及各位審判官，期望你們就是司法女神，蒙上眼睛，不受世俗的干擾，左手拿著天平，右手握著利劍，一本公正嚴明的立場來審判。施明德，我們不能把他拿來拜神，更不能把他拿來祭鬼！絕不能把他拿來當安撫部份人心的工具，更不可把他拿來作為警戒或威嚇社會大眾的手段。」

「一個平凡的人尚且不能把他當作工具或手段，更何況被告施明德，他是一個提倡人道主義的人，他本身的存在就是目的。自從去年十二月十三日施明德離家脫逃以來，大眾傳播蓄意渲染，更隨著緝拿獎金的數度提高，施明德的形象已被扭曲，更遭醜化，在設有陪審或參審制度的國家，陪審團或參審團在此情況下，已無法公正判斷。」

辯護狀中對於施明德這個人描述：「被告年少心懷熱忱，從軍報國，刑滿出獄後，原可徜徉林園，或遠走異鄉，惟熱愛鄉土及吾國吾民，並鑑於前案慘痛受害之經驗，深信力求民主化和促進人權之必要性，仍毅然從事民主及人權運動，先後擔任「黨外人士助選團」總幹事、「美麗島雜誌社」總經理，以及「國際人權聯盟臺灣工作中心」主任等職。最近兩年被告的言行，皆以遵照現行憲政體制，和平方式進行運動及人道主義精神等基本原則為準繩。」萬餘言的答辯狀，乃徵引人本主義，人道精神的刑罰論作為辯護的依據，加上法庭上的口頭論辯，當時的臺灣時報曾以頭條的版位刊載：「尤清旁徵博引為施明德脫罪」。

在這場軍法大審的辯護主軸有三：

一、不能亂判「叛亂罪」。刑法第一〇〇條結合懲治叛亂條例「第二條」，容易造成「腹腓有罪」的冤獄。這種法律是十八、九世紀保護皇帝及獨裁者的惡法。廿世紀世界各國，除蘇聯外，已不存在。軍法庭不能再做統治者壓制人民的工具，應確實調查證據，不可將人民參政錯判叛亂。

二、無證據，不能推定為犯罪。「罪證有疑，利於被告」（in dudio pro reo）。遊行示威中，石頭木棍，豈可認定為叛亂工具？！若把它認定為叛亂工具，就違反人類的經驗法則。

三、在審判前，中國時報與聯合報已在較勁，臺灣時報、民眾日報及自立晚報也都跟進，大幅報導被告陳述及律師辯護意旨。這是絕佳的傳播民主機會，應好好把握，儘量使用通俗化言語，為被告辯護。

後來我又接下了藏匿施明德案，為高俊明牧師、張溫鷹牙醫師等人辯護。

高俊明是一位牧師，我在辯護中特別強調，在外國，牧師或神父庇護良心犯的例子非常多，二次大戰期間尤其如此。對高俊明而言，究竟要服從國法，還是服從神法？這是一種義務的衝突。

我在辯護狀中主張：高牧師面臨義務衝突，其行為阻卻違法或阻卻責任：高牧師身為基督教教職人員，深刻理解上帝給予人類最大的誡命：「你要盡心、盡性、盡意、盡力，愛主你的上帝。其次，就是說，要愛人如己。再也沒有比這兩條誡命更大的了」（新約馬可福音書第十二章第三十至三十一節）。又耶穌基督曾在「善意的撒瑪利亞人」（新約路加福音書第十章第二十五至三十七節）指出：「凡是需要救援者，不論同胞異族，甚至不分同志敵人」（新約馬太福音第五章第四十四節）都包含在「人」的被愛範圍內。除了為愛上帝的緣故而愛人外，不做任何價值判斷，更不為自己的利害著想，僅知其為需要救援之人，並認為其為必要憐憫的對象。由此推論基督教教職人員面對逃犯要求收容或援助時，難於拒絕其要求，蓋此時其所救援的對象，為未經任何價值判斷的，純粹需要救濟的「人」。

又舊約以西結書：「你對他們說，主耶和華說，我指我的永生起誓，我斷不喜悅惡人死亡，惟喜悅惡人轉離所行的道而活……」（第三十三章第四十一節）縱使是惡人也應予以救援，並使其轉離罪惡而活。

再者，假若後經發現為逃犯，基於教會二千年來的傳統教職者的「守秘密」的職業道德，自不得主動向警方等檢舉。

一、上述引出兩項問題：

（甲）宗教教職人員面對逃犯要求救援時，難於拒絕，也就難免藏匿人犯。此涉及學說上「期待可能性」之問題。

（乙）宗教教職人員職業上之「守秘密」之義務，與檢肅匪諜條例第九條檢舉叛徒之義務之義務衝突的問題。

二、本件被告（高牧師）面臨支援之要求，基於「愛上帝、愛世人」及「幫助走投無路的人，乃是基督徒的本份」等準則，毫無其他選擇，不得已設法為施明德找暫時住宿的處所。設法為施明德找暫時住宿的處所，有違不得藏匿人犯之義務，未曾出面檢舉，有違檢舉叛徒之義務，也應依「期待不可能」之原則及「義務衝突」之原則，阻卻違法或阻卻責任。

至於女中豪傑牙醫張溫鷹為施明德、做假牙，依「醫師誓言」等倫理規則，不檢舉，不洩密，也屬於醫師的義務。針對義務衝突情況，引據「期待不可能性」之刑法原理，為她辯護。緊接著又為周平德、楊青矗、紀萬生、范政祐及吳振明等四人的司法審判案件。辯護重點在於：雜誌社辦遊行申不申請、准不准許，是行政程序，頂多只是違警問題。

軍、司法審判期間，新聞媒體大量傳播法庭的辯論，人民在街頭巷尾也坦然公開討論。美麗島高雄事件所謂的「叛亂犯」漸成為人民心目中的英雄。接續而來的立委、國大、監委、省市議員選舉，受難家屬（許榮淑、周清玉、黃天福等）、辯護律師（尤清、陳水扁、謝長廷、蘇貞昌、張俊雄等）也受人民肯定而順利當選。法庭審判「被告」，人民審判法庭，也審判國民黨以及其賴以苟延殘喘的戒嚴法制。美麗島雜誌高雄事件，固然使很多民主鬥士受難，其家屬悲苦，但向臺灣各角落播下民主的種子，並在幾年後開花結果。高雄事件正是臺灣民主轉型的轉捩點。

臺灣基督長老教會發表為「建立新而獨立的國家」聲明後，高俊明牧師、林文珍長老、許天賢牧師、黃昭輝先生、蔡有全先生、施瑞雲小姐等再為關愛臺灣做見證，也更彰顯其堅持真理，勇於對抗壓制勢力的精神。臺灣基督長老教會更因此公開參與社會關懷及民主改革。在臺灣民主轉型的關鍵時刻，都發揮槓桿作用，大力促成以臺灣為本體的民主發展。

※編按：本文原刊載於一九九九年十二月，臺灣基督長老教會《美麗島事件二十週年紀念文集》

論抵抗權

KMT Caucus Discusses Ways To Promote National Unity
KMT Calls for Acceleration Of Political Reconstruction
National Security More Important Than Human Rights: Tsiang
Riot Incident to Be
In Accordance With
LETTER BOX

尤清

原編者按*：對統治者運用「不當的法」（Unrichtiges Recht）以侵害人權（如人權宣言中所確立的原則），人民有權反抗（甚至以暴力反抗，即革命的權利），在西方，這項源於自然法的觀念有其久遠的宗教與政治淵源。本文作者是西德海德堡大學的法學博士，就此淵源將「抵抗權」的觀念作一闡述。

在我國古代，孟子堅持政治以人民為出發點，以人民為歸結點，肯定人民對暴虐政治的革命權利和對暴虐統治者的報復權利：

聞誅一夫紂矣，未聞弑君也。（梁息王篇）

夫民今而後得反之也；（梁息王篇）

因此，孟子的政治思想成為「針對虐政之永久抗議」（蕭公權先生語）

我們在反省現有之法秩序時，這東西兩大傳統之文化遺產應給我們很多啟示。

對於掌握統治權力的人之顯然非法行為，人民有權力拒絕服從（被動抵抗權）或運用暴力抵抗（主動抵抗權）。惟抵抗權僅在其他法律救濟手段無力之時，始得行使；抵抗權並非排除非法行為的通常手段，而僅是迫不得已時的最後手段。

*為《美麗島雜誌》第二期（一九七九）之編者

抵抗權的歷史根源有二：一、日耳曼采邑法上的誠實義務。二、基督徒之順從的傳統。中古日耳曼傳統的采邑關係，建立在領主與臣屬雙方間相對的誠實義務：領主應照拂並保護臣屬；而臣屬應順從領主。倘領主違背上述義務，臣屬有權離開其領主。整個采邑邦國的法秩序，就建立在上述誠實義務之上。領主違反上述誠實義務，也就等於違反其存立所憑藉之法秩序，基於維護此一法秩序之必要性，抵抗權於焉產生。

基督教義中，存有如下對立之觀點：一、「在上有權柄的，人人當順從他；因為沒有權柄不是出於神的；凡是掌握權柄的，都是神所命的。」（羅馬書第十三章第一節）二、「我們必需服從神，而非服從人。」（使徒行傳第五章第二十九節）基督徒在上述對立與矛盾之觀點，尋釋其行為準則。掌權柄的人，受命於神，也應遵照神的意旨行事，倘他違背神的旨意，教會有權去制裁世俗間掌權柄的人。這就是中古時代之教會與帝王權相互對立與衝突之緣由。

Johann von Sallsbury（一一一五－一一八〇）為誅弒暴君立論中，提出：個人，作為全民默認之代表，得弒殺顯然叛離神的意旨且違犯自然律則所確立之秩序的掌握統治權力之人。人民之抵抗，既為權利且為義務。此為抵抗權理論之濫觴！

Thomas von Aquin（一二二五－一二七四）將掌權者分為非法攫取統治權力者與合法取得統治權力者，對於前者，人民沒有服從的義務，並得叛變；至於後者，僅法院有權解除其統治之職務，在嚴重之情況，法院才得將之處死。

宗教改革時代，Martin Luther（一四八三－一五四六）否定弒殺暴君之權利，同時不承認抵抗權。至於Johann CalvIn（一五〇九－一五六四）則認為掌權者為神之代表，執行神所命令之職務。原則上一般民眾無權抵抗。然而掌權者之下級官僚，得基於其職務所生之抵抗義務，回復暴虐的掌權者所破壞之法秩序。Calvin只隱約地間接承認抵抗權。

儘管宗教改革之先覺者對於抵抗權抱持否定或保守的態度，然而其後世（十六世紀）之基督新教宗教家諸如F. Hotman, Th. Beza, G. Buchanan, S. J. Brutus等人，以及天主教宗教家諸如M. Salamonius, J. Boucher, G. Rossaeus等人，皆激烈討論抵抗權。當時，將抵抗權之基礎，歸納為一、統治之主權屬於人民。二、掌權統治之人與人之間成立統治與被統治之契約。三、僅人民之代表有抵抗與弒君之權利。當時在理論上開創個別人民也有抵抗權之端緒的，是西班牙耶穌教宗教家J.de Mariana（一五三五－一六二四）他認為倘暴政顯現，而且暴君阻撓人民集會並推派代表行使抵抗權之情況下，個人也應有權抵抗及弒君。

中古抵抗權理論集大成的是J.Althusius（一五五七－一六三八）他提出如下之理論：抵抗權為當時邦國制度之主要成分，也就是整個統治系統不可或缺的一環。統治（契約）關係，就是法律關係。人民是整個邦國統治權力的主人。人民的代表（亦稱長老），推選掌權統治者；統治者應在神前宣誓始能就職。統治者，既是邦國守護者，也是神的僕役。倘統治者遵從神的意旨、自然律則及邦國法律，則人民依照統治契約，有順從之義務。倘統治者，對之有所違反，則長老有義務推翻此一暴君。抵抗權僅得在如下之條件下行使：一、暴政業已顯然並確定。二、一再警告而不悔改。三、沒有其他解除其統治權力之手段。必須上述條件全部具備，長老始得解除暴虐統治者之職務，而另選賢能。倘此一統治者抗拒，人民得應長老之召集，執干戈加以撻伐，並將之處死。

日耳曼采邑法上的誠實義務與基督教之順從義務，在中古時代，匯滙融合成為中古邦國時代之抵抗權，其結構與準則，為後世抵抗權之楷模。

當時邦國時代之抵抗權之主要特徵為：只有長老（或官員）始得行使抵抗權，而個別的人民則無權行使。俟近代個人自由主義盛行，及其對第十六及十七世紀之中古傳統之反抗，抵抗權始因之丕變。抵抗權，是個人維護其自然產生的，超越國家律法之基本權利之所為緊急措施的權利。此一理論之突破，應歸功於J.Locke（一六三二－一七〇四）之推動。

近代民主運動展開之後，抵抗權逐步地具體化。維吉尼亞人權宣言（一七七六年）承認：改善、改組，或撤廢不盡義務之政府，是不可置疑、不可轉讓與不可減損的權利。又同時代之法國人權宣言（一七八九年）第二條訂明：「政治組織體之最終目的，乃維護自然的及不可減損的人類權利。此權利是自由、財產、安全及抵抗壓制。」抵抗權演進成為人民的革命權，在政治文獻上首度出現！

上述二部人權宣言所揭示之抵抗權，被一七九三年之法國憲法採納。該憲法第三十條規定「抵抗壓制是其他人權之總結。」又在第三十四條也揭示：只須社會全部之一部分受壓迫，即視為全體之被壓迫。第三十五條又明文規定「政府侵害人民之權利時，人民及其各部分人民所為之叛變是最神聖之權利，而且是至高無上的義務。」此為人類史上首次，也是獨一無二的憲法條文，對於人民有革命權，有所規定。

排除侵害及反抗壓制之另一種形式的抵抗權，為訴願權。一八一九年德意志的吾騰堡邦憲法規定：人人有權，對於官署違反法令之（處分）程序或延遲決定，得向其直接上級官署提出書面之訴願。又一八三三年漢諾威邦基本法也作相同之規定。

現代議會制度之法治國家出現後，抵抗權本應日漸式微。蓋法治國家裡，憲法所確立之基本人權，權力分立、行政權遵守憲法與法律等原則，應有保障，掌握統治權力之人，理當無由暴虐。然而第二次世界大戰中之法西斯國家及戰後若干集權主義國家，彼等國家之掌權者，侵害人權之殘酷，尤甚於前人。因此，促使抵抗權復生再現！

戰後在西德之赫森、不列門及柏林等地業已將抵抗權訂入其憲法。一九四六年赫森邦憲法第一四七條規定「對於違憲行使之公權力的抵抗，乃各人之權利及義務。凡知悉他人破壞憲法或意圖破壞憲法之人，有向法院告訴，以追訴刑事責任之義務。」其為人民之權利與義務，並且附帶負有告訴之務，是其特徵。不列門與柏林之憲法，容許個人之抵抗權，「倘憲法所定之民權利，被公權力違憲所侵害」（不列門憲法第十九條）或「憲法所定之人民權利，公然被侵害。」（柏林憲法第二十三條第三項）。上述各邦憲法有關抵抗權之規定，奠立西德基本法訂立抵抗權之礎石。

一九六八年六月二十四日西德國會同時將「緊急情況條款」與「抵抗權」訂入憲法。在緊急情況下，如戰爭或天然災害，相對地擴大行政權力；為了平衡行政權力擴大所招致人權之侵害，西德國會適時地，將抵抗權訂入基本法（即憲法），這與其說是公法學界高度智慧之結晶，不如說是西德國會靈活運用政治藝術之表現，它獲得各界的稱許，並非偶然！

西德基本法第二十條第四項規定：「對於任何從事破壞此一秩序之人，倘無其他救濟之方法，一切德意志人民，有抵抗之權利」。上述「此一秩序」包括基本法第二十條第一項、第二項及第三項所定原則，即聯邦共和、權力分立及法治國家之原則。

為了進一步詮釋上述抵抗權，有必要討論西德聯邦憲法法院一九五六年八月十七日的所謂「德國共產黨判決」。該判決判定德國共產黨（KPD）為違憲，並應解散。該判決也闡釋抵抗權。「基本法並未規定抵抗權，然而對於在基本法之秩序中，應否承認抵抗權之問題，並非即予否定。尤其新（憲）法之理解，並非對於反抗顯然非法之政權的抵抗權，陌生見外。何況，經驗顯示，對抗此類（非法）政權，通常之法律救濟手段，無能為力。」（西德聯邦憲法法院判決集第五卷第三七六頁）。因此，除了國家權力分立與制衡以及建立有效之法律保障，以維護憲法之外，原則上尚需承認內斂於基本法本身的抵抗權。（參照前揭第三七七頁）然而抵抗權應作保守之解釋。抵抗權僅作為「保持或回復法秩序之緊急之權利。」換言之，並非作為人民革命之權利。又，抵抗權所欲排除之非法行為必須已顯然可見，而且為了排除非法，並無其它可預見之有效法律救濟手段，可資利用，才得運用抵抗權作為保持或回復法秩序之最後手段（參照前揭書第三七七頁）。

憲法學者皆引用上述判決，來詮釋抵抗權。除此之外，尚須作下列說明：抵抗權並非僅指向國家權力機關行使，也得指向任何從事破壞憲法行為（包括著手與預備）之個人行使之。此為抵抗權具有基本人權之第三效力（Drittwirkung）的表現。

基於以上的闡釋，容我作這樣的總結：抵抗權是保持或回復現有法秩序之迫不得已的最後手段，它源自超越國家實定律法的理性法或自然法，並無待於憲法之明文定，我們仍應給予承認。

※編者按：本文原刊載於一九七九年十月《美麗島雜誌》第二期

淺談法治與人權保障

尤清

十八世紀以來，人類激烈地要求保障人權，也迫切地需要法治。法治與人權保障之要求，同樣是為了預防國家權力濫用以及限制國家權力過度擴張。

首先要了解什麼叫法律？大家都知道，經過立法院所通過的法律，就是一般所說的實定法（Positive Law）。超越國家的實定法之上的，還有訴諸於理性，發乎自然，維護人性尊嚴及人類生存的自然法及理性法，也被承認是法律。

法治國家遵守國家權力機關分立之原則：立法機關制定法律，行政機關執行行政，司法機關裁判，並審查立法及行政是否違反憲法。立法、行政及司法機關都必須遵守法律，這也就是「法律統治」的原則。這些分立的國家機關也互相制衡。舉一個司法制衡立法的例子來說明，例如立法機關所制定的某一個法律，違反憲法，司法院大法官會議可以解釋它違反憲法，並把它宣布無效。大法官會議，也就是各國的憲法法院，扮演「憲法的守護者」的角色。除此之外，司法獨立及公平審判，在法治運作之中，也居於很重要的地位。

現在我們再來討論「法的價值思想」。

德國海德堡大學G.Radbruch（一八七八－一九四九）教授提出「法的價值思想」有三：一、正義性；二、合乎目的性；三、法的安定性。

一般人所了解的法治，只問有沒有法律，只問這法律是不是由立法機關依據法定的立法程序所制定的。然後，政府機關應依法行政；人民有糾紛時，司法機關也應根據法律來判決，這叫形式意義的法治。法律訂立後，除非修改，誰也不能任意變動，就是立法機關，也要遵守法定程序，才可以修改。人民要求預先知道法律的規定；人人行為之先，才可知道他們的行為是否合乎法律，這就是「法的預見性」，法律必須規定得非常明確，不能用那不明確的觀念來製造一個法網，讓老百姓跳下去；還有更重要的是，所謂「法律不能溯及既往」的原則。以上這些原則，都是法的「安定性」所要求的。為了維護法的「安定性」，也不得不承認了國家實定法的重要性。

剛才介紹「法的價值思想」時，提到法的「正義性」與「安定性」。現在就會發生一個問題——「正義性」與「安定性」衝突的問題。所有法律，都為追求及實現正義。那麼，當法的正義性和法的安定性衝突時，究竟是法的安定性優先呢或是法的正義性優先？這也就是國家實定的立法優先或超越了國家實定法的自然法優先的問題。

關於這個問題，再引用Radbruch教授的意見。他提出了幾個觀點，這幾個觀點不但在學術上獲得推崇，而且德國的司法判決也採用：

第一點，當法的「正義性」與法的「安定性」相衝突時，原則上國家的實定法占優先，也就是為了法的安定，承認實定法優先。但是，如果國家的實定法抵觸正義性，達到不可容忍的地步時，則法的正義性優於法的安定性，換句話說，應該為了正義而否定實定法。

第二點，國家的實定法，假如不追求正義，並且違反公平，那麼這種法律，不但是一個「不正的法」（unrichtiges Recht），而且失去了作為法律的資格。

第三點，法律是為了追求及實現正義。正義是要求公平與合理，合乎了這個原則的法律，才能算是一個自然法及理性法。

以上第一、二兩個觀點，在德國的司法判決已經採納了，尤其在希特勒時代的許多違反正義的法律，戰後都被判決為無效，依照無效法律所作之行為，也當然無效。

那麼，國家的實定法違反了超國家實定法的自然法的時候，這法害律就是不正當，雖然它是一個法律，但是不正當的法。「自然法打破實定法」，換句話說，在這一情況下自然法占優先。

為了實現法治的目的，可運用人權保障的各種措施來達成。大家都知道，人權的項目，第一個就是平等，不僅是男女平等，而且是黨派也要平等。再來，就是自由。自由有：身體、居住、遷徙、言論、出版、集會、結社等等自由。還有生存權、工作權、財產權、請願、訴願、訴訟等等權利；還有參加公職的權利，以及受國民教育的義務與權利。我們憲法，可以媲美世界上許多國家的憲法的是，在我國憲法第二十三條規定「凡人民之其他自由及權利，不妨礙社會秩序，公共利益者，均受憲法之保障」，換句話說，憲法中沒有規定的其他權利，只要沒有妨礙社會秩序及公共利益，憲法還是給予保障。

這些憲法所保障的人民的權利可以這樣來分類：

第一類，叫消極權（status negativus），人民的自由權利受到國家機關（包括行政、立法、司法）侵害時，人民有權利排除侵害。

第二類，是參與權（status aktivus），人民有權利來參與國家政策以及國家意志的形成。為了達成這個目的，人民有集會、結社、言論以及組織政黨的各種權利及自由。這些自由權利不但是為自由，而且也為爭民主。由消極地排除國家機關的侵害，更進一步發揮人當家做主的本領。

第三類，叫積極權（status positivus），這種權利，並非限制國家權力的，而是要求國家積極給付的權利，也就是要求國家提供人民生存以及自由發展、平等競爭的條件。也就是「保護弱者及限制強者」（引Radbruch的話）的措施。基於這項權利，要求國家建立種種社會福利制度。有人把它稱為「社會人權」。很值得重視的是，人權的限制的問題。我國憲法第二十三條規定：「以上各條列舉之自由權利，除為防止妨礙他人自由，避免緊急危難，維持社會秩序或增進公共利益所必要者外，不得以法律限制之。」反面來解釋，為全體利益，只要不超過必要之範圍，就可以用法律來限制人民的自由權利。這一來是否超過必要的範圍，往往成為爭執的關鍵問題。關於這一個問題，法治國家都遵守「方法與目的相成比例的原則」。國家機關為了維護合理的利益，而且不超出必要之範圍，才可以侵害或限制人民的權利。因此，上述原則也包括「妥當性之原則」及「必需性之原則」。多種方法之中，應選擇損害最少的方法，否則就是違反「禁止過分的原則」。超出必要範圍限制人權，便使得人權名存實亡，無異完全否定人權！

最後容我引Radbruch教授的話作為結束。在他逝世（一九四九年十一月二十三日）前幾天，他跟Karl Engisch教授的談話，也是他最後一次談話中，他說：

「（國家的實定法律）完全否定人權，這是絕對的不正當的法律！」

※編者按：本文原刊載於一九七九年十二月出版之《美麗島雜誌》第四期

美麗島大審——尤清、尤宏口述歷史

代序

黃建仁

一九七九年十二月十日，高雄市發生了自「二二八事件」以來最嚴重的警民衝突。隨後，當局大舉逮捕了黨外人士。不僅重挫了以美麗島雜誌為中心而蓬勃發展的反對勢力，也令全國政治氣氛倏然凍結。

尤清律師在當年十二月十三日大逮捕後，立即展開辯護工作的準備。除了實地南下高雄履勘現場外，更從比較法及法律史的角度，研究歐洲十九世紀皇權及獨裁統治（特別是德國納粹），有關政治犯的法律及其審判。在整個審判過程中，尤律師與當時的辯護律師團也有默契良好的合作。在美麗島高雄事件相關的軍、司法審判中，尤律師為施明德、張俊宏、高俊明、張溫鷹、周平德、楊青矗、紀萬生、范政祐、吳振明等人辯護。對於他們為臺灣民主所付出的犧牲，尤律師深受感動。

在辯護中，尤律師直言不諱地挑戰國民黨當局的戒嚴體制，由憲法直接切入。依憲法人民有參政權。憲法所保障之人權，除了包括排除侵害的自由權—即人民的消極地位（Status negativus）外，還積極要求國家給予社會福利等權利—即人民的積極地位（Status positivus），以及主動參與政治事務之人民主動地位（Status activus）。

而在軍法大審的辯護上，則有三個主軸：一、不能亂判「叛亂罪」，刑法一〇〇條結合懲治叛亂條例容易造成「腹誹有罪」的冤獄。二、「罪證有疑，利於被告」，石頭木棍豈可認定為叛亂工具，若如此認定，則違反人類的經驗法則。三、把握當時各媒體大幅報導的機會，以通俗化語言為被告辯護，傳播民主理念。

雖然日後被告們皆被判定有罪而入獄，但透過法庭的公開辯論，使得他們的政治理念得以散播，而被告家屬與辯護律師們也接續著他們的努力，再將臺灣民主歷程推向另一個階段。

一九八七年，民主進步黨成立。即使犧牲，該走的路是不會後退的。

本書分為兩部分，第一是口述歷史部分；第二是尤清撰文部分。口述歷史是尤清、尤宏於一九九九年三月十五日至四月二十二日，接受財團法人新臺灣研究文教基金會「美麗島事件口述歷史計畫」所作的訪談抄本。尤宏先生在美麗島雜誌高雄事件的軍法及司法大審過程中，襄助辯護律師，貢獻良多；又近距離觀察大審過程，他所見所聞至為珍貴。

新臺灣研究文教基金會
研究員黃建仁

口述歷史目次

直前，永不回頭／為高俊明辯護：義務衝突／給受難者信心／為張溫鷹辯護／思考與反省

訪談尤宏

高雄事件的前奏／潮流事件：尤清在辯護中宣揚言論自由的理念／尤清對黨外活動的關心／與黨外人士的認識／為尤清律師事務所的公共政策研究室蒐集資料／尤清的文章引起情治單位的關心（一）／高雄事件當天，尤清與黃越欽保持聯繫／尤清的文章引起情治單位的關心（二）／研判警總將進行逮捕，開始準備辯論／大逮捕開始，風聲鶴唳／許榮淑與尤清接觸／陪同尤清南下履勘現場／發生衝突時，木棍與其他器具的來源／來自親友的關心／辯護前的準備工作：閱讀被告過去的著作／送衣物、書籍給被告／家屬們在尤清事務所聚會／透過管道瞭解被告的情形／辯護律師的分配／負責抄錄、影印卷宗／運用媒體發佈消息／抗議秘密調查庭／林宅血案／辯護主要目的：把真相告訴百姓／林義雄拒絕因血案而被釋放／幕後幫助律師團的學者專家／前仆後繼投入反對運動／未聞「一二〇五」專案／報紙媒體的影響／面對判決的兩種心情／尤清繼續為司法部分辯護／轟動法庭的刑求控訴／為藏匿施明德案辯護／反省與影響／張溫鷹母親的關心／閱卷工作（補充）

訪談尤清（第一次）

受　訪　者：尤清
訪談研究員：黃建仁
攝　影　師：柯能源
訪問地點：北市溫州街尤宅
訪問時間：一九九九年三月十五日上午九點半
文字整理：郭美芬、黃建仁
※編按：楷體字為動作、訪問者發言。

＊訪談研究員所列之初步訪談大綱為：
A. 成長過程與求學過程。
B. 政治啟蒙與早年政治經驗。
C. 參與「辯護律師團」的過程。
D. 軍事法庭開庭的準備工作。
E.「軍法大審」與「司法審判」的過程。
F.「高雄事件」後對反對運動的反省。

閱卷工作的波折

［受訪者針對【訪談大綱】提出補充背景資料之書籍］

A、B就是成長過程、政治啟蒙跟早年政治經驗，關於這些，你就看《尤清前傳》。再來是參與律師團的經過、軍法大審的準備、軍法大審跟司法的過程，這個我沒有資料，但是這本書裡面稍微提到。再來對於高雄事件以後的反省，這個書中也沒有，但是從《尤清選集》、《你站在哪一邊》、立法委員時的《立法院風雲》、監察委員時的《監察院春秋》，到縣長時的《跨世紀新臺灣》，還有關於組黨的《新黨救臺灣》；文獻大概蠻齊全的。現在有一個要求就是，《監察院春秋》那一本如果給你就再也沒有了。

那我就拿去copy，可以嗎？

要還給我，我沒有了。剩下兩本，一本有殘缺，只有這本是完整的。好，我那時候不曉得什麼原因印這麼少。這些其他的書就全部給你，好不好？最重要的，有關題綱中C、D、E、F的資料不太齊全，因為你們去訪問過別人，可能已經都訪問的很仔細了。我想先把今天的工作列一下。關於軍法大審，從偵查到審判的筆錄就是軍事檢察官跟軍法庭審判的筆錄。那時候筆錄抄錄的總事務長是尤宏，通通去抄了以後就拿到仁愛路的尤清律師事務所。抄卷宗是每個律師事務所、每個律師只能派一個人。當時陳水扁跟鄭慶隆為黃信介辯護，他們共同請一個抄錄助理就是藍美津。而尤清的助理那時候有三個，但是推派一個總事務長就是尤宏。所有的律師事務所一共十五個律師，派十五個助理進去抄錄。

當時為了要抄錄這些軍事檢察官的偵查筆錄和審判中的筆錄，因為以前尤宏在全錄當業務員，因此他到全錄去租了一臺全新的影印機，租金也已經付了，影印機抬進去後，軍事檢察官辦公室就拒絕，他說：「不准，不准去影印。」

按照一般情況，律師到法院去，無論是檢察的或者是審判中、偵查中的卷宗，都可以影印[……受訪者裝設麥克風]。所以針對軍事檢察官的偵查資料所做的抄錄，可以說我這邊最齊全；偵查的記錄資料也是我這邊最齊全，因為抄錄以後的原本都在我這邊。我想也拿給你看一下，必要的時候你們可影印做參考[受訪者起身尋找資料，訪談中斷。]……

那時候都是用原子筆抄錄，假如潮濕的話就會模糊，所以我們就把抄錄下來的卷宗影印，全錄的影印還蠻清楚的。那個原本的抄錄手稿，我也另外將它收藏起來。分成兩份是因為假如火災燒掉就還有一份。所以這個是影本，還有正本，有些正本也在我這邊。大致上就是這樣。我們先把這個工作先談一下，軍法大審跟司法大審的過程，然後開庭前的準備、還有高雄事件以後對反對運動的反省。這樣子好了，我們從C、D、E開始，高雄事件的反省跟前面的部分再一次，這樣也許你就容易做，我們把工作這樣就清楚了，好不好？

於美麗島雜誌上撰文，直陳敏感話題

我們先講高雄事件辯護律師團的參與經過。那時候是民國六十八年、一九七九年，一九七九年十二月十號發生高雄事件。在此之前，我是《美麗島》雜誌的投稿者……投稿的文章我拿給你看，不曉得還在不在？［受訪者找資料，訪談中斷。］

我是《美麗島》雜誌的投稿者，那時候我寫過兩篇非常敏感的文章：〈論抵抗權〉、〈談法治與人權保障〉。〈論抵抗權〉登在美麗島雜誌第二期，這篇文章算是當時很敏感的文章。當時，美國在臺協會在雜誌發行過程當中，把《美麗島》雜誌的每一期摘要翻譯、報到美國國務院，而國務院要求把〈論抵抗權〉英文全文翻譯。由此可見這篇文章非常的敏感，他們講到very critical，非常有批判性。

這篇文章大致上是介紹德國基本法的第二十條。在基本法裡面，他們把抵抗權以法律、以憲法來加以規定。我介紹兩個重點，一個是抵抗權的歷史根源。第二個是他們在基本法還未規定抵抗權前，在一九五六年，德國有一個判例，聯邦憲法法院有一個「德國共產黨判決」。他們解散了共產黨，當時德國共產黨提出可以有抵抗權，德國聯邦憲法法院認為：「基本法並未規定抵抗權，然而對於在基本法的秩序中，應否承認抵抗權的問題，並非即予否定。尤其有關於新憲法的理解，並非對於反抗顯然非法的政權的抵抗權，陌生見外。何況，經驗顯示，對抗此類（非法）政權，通常法律的救濟手段是無能為力。」[1]換句話說，在沒有基本法的規定之前，按照抵抗權的歷史跟民主的本質，他們的聯邦憲法法院還是肯定人民有抵抗權。

文章的最後我做一個總結：「基於以上的闡釋，容我作這樣的總結：抵抗權是保持或回復現有法秩序之迫不得已的最後手段，它源自超越國家實定律法的理性法或自然法，並無待於憲法之明文規定，我們仍應給予承認。」[2]這句話最嚴重的就是：縱然我們憲法沒有明文規定，但是抵抗權是一個民主的原則，按照民主的傳統人民還是有抵抗權。

後來這個文章登在《美麗島》裡面，這篇文章的編按寫得更敏感，說「聞誅一夫衍矣，未聞弒君也。」[3]這是過去孟子說的，就是殺暴君而不是殺紂王。最後還加一個說：人民應該有這樣的一個革命抵抗權。那時候這樣的文章是非常的敏感。

第四期我又寫一篇文章：〈淺談法治與人權保障〉。因為是月刊雜誌性的，要平易近人、老少咸宜，所以我用淺談的方式來講。雖然只是淺談，文章裡面把德國納粹時代那些法學家對抗納粹獨裁的精華講出來，那時候的一個領導人叫做Radbruch，他是自然法學的學者。

---

1 詳見《尤清選集》，尤清著，頁七四、七五。亦可參見《美麗島雜誌》第一卷第二期，頁八十。

2 同上，頁七五。及同上期《美麗島雜誌》，頁八一。

3 〈論抵抗權〉一文於《美麗島雜誌》登載時，編者加上前言如下：「……在我國古代，孟子堅持政治以人民為出發點，以人民為歸結點，肯定人民對暴虐政治的革命權利和對暴虐統治的報復權利：聞誅一夫材矣，未聞誡君也。……」。詳見《美麗島雜誌》第一卷第二期，頁七九。

我特別引用Radbruch的話，Radbruch的話非常的critical，海德堡大學Radbruch教授提出來，法的價值理念有三：正義性、合乎目的性、法的安定性。然後他有幾個觀點，我引用這幾個觀點之外，還做了一個結論：「最後容我引Radbruch教授的話作為結束，在他逝世的前幾天，他跟他的好朋友Karl Engisch教授的談話，也是最後一次談話，他說：國家的實定法完全否定人權，這絕對是不正的法律。」[4]

這個是結論。那麼前面我還講到一個非常敏感的議題，就是國家實定法假如違反正義、侵害人權的話，這個不算法律，人民可以不遵守。這些話把它們湊起來，人家一眼就看出來是「惡法非法」的觀念，我推翻、打擊了「惡法亦法論」。對於這樣的一個法秩序，對人民法概念可以說是一個強烈的衝擊；對於過去國民黨所教導的法律觀念、人權觀念，我做一個非常大的顛覆、衝擊。

這兩篇文章發表個在《美麗島》雜誌第二期跟第四期，用本名來發表。發表以後，當然國民黨就非常的敏感。我那個時候已經開業做律師，雖然是非常敏感，但是也沒有怎麼樣，後來發生了美麗島事件，在這段期間受盡電話恐嚇威脅。

[4] 詳見《尤清選集》，尤清著，頁十。亦可參見《美麗島雜誌》第一卷第四期，頁四一。

學成歸國，參與比較法學會「平民法律服務中心」

在美麗島發生事件之前，我是在一九七八年、民國六十七年九月回到臺灣。我是在民國六十七年的二月拿到博士，九月回來，回來之後在文化大學、政大還有臺大醫學院兼課，但是我最主要的工作是做律師。但是我做律師時，有參加比較法學會的平民法律服務，參加平民法律服務以後，就跟那個時候比較傾向民主人權、支持民主人權的律師有非常好的合作。

所以我們可以這樣講，我參加律師團大概有兩個原因，第一個原因就是那時候參加比較法學會的平民的法律服務。後來參加軍法大審辯護的律師團，大部份……差不多百分之九十以上，都是那時候參加平民法律服務的律師團，就是這樣的關係組合起來的。當時來組合我們的是陳繼盛律師、陳繼盛教授，所以我們律師團開會的時候，都在陳繼盛的律師事務所，在忠孝東路自由大樓的七樓。第二個原因就是，我也是當時美麗島雜誌的作者。

「高雄事件」當天在臺北的文化大學法研所上課

你們想要瞭解參與律師團的過程。當初抓人是在十二月十三號抓人，我先講十號那天晚上。本來十號那天下午我是上課，在文化大學法律研究所兼課，學生到我事務所來上課，下午的四點到六點。六點半我本來要跟後來當了大法官的黃越欽教授一起吃飯，後來他太太打電話給我，說他有事情去高雄，不能來跟我一起吃飯。那個時候，因為十號那天我要上課，所以我對高雄事件沒有直接、親身的參與。

但是在此之前，我所做的就是美麗島雜誌的作者，而且非常敏感的文章的作者，用本名發表。第二個，從民國六十七年到美麗島事件發生的那一年多來，我大概都在做平民的法律服務，除了當律師以外，還做一些社會的服務，像平民法律的服務、公益服務。

籌辦《深耕》雜誌，驚聞名列逮捕名單中

發生美麗島事件後，十二月十三日抓人那天早上，我跟兩個人有約，在新生南路的一家叫做「HATOU」咖啡廳，跟音樂家林二，還有黃石城，我們三個人約早上八點鐘喝咖啡。我們要討論的一件事情就是辦要一個叫《深耕》的雜誌。這個《深耕》雜誌是在「美麗島事件」沒有發生之前就已經計畫要辦，就是找林二，他要從文化界，我從法政界，黃石城從工商財經界，我們希望辦一個深耕鄉土臺灣的綜合性雜誌，不只是政治性的雜誌。因為那時候政治性的雜誌已經有了，有《亞洲人》、《八十年代》，還有《美麗島》雜誌。

我們希望辦的是能深耕本土的雜誌，深深的耕下去，所以當時《深耕》雜誌的名字是我取的。為什麼取這個名字？因為那時候我在看臺灣各地的地名，臺北縣有一個地方叫深坑，以前都是農田、梯田，要耕作、農作物要成長都非常困難，必須要耕得非常深，所以叫做深耕。那給我很大的啟示：臺灣的民主要生根發芽，必須要深耕，然後才能夠開花結果。所以那個時候就取這個名字。

那天早上我們喝咖啡是差不多在一個禮拜以前就約好了，那時候也沒有想到會發生美麗島高雄事件，所以那一天我們也照樣約會就去了。在喝咖啡的時候，我打電話回律師事務所，那時候我弟弟尤宏作我的律師事務所助理，他告訴我：黃越欽打電話來，說警總、今天早上抓人，名單有你哥哥尤清在內，趕快把律師事務所應該交代的事情做一個善後。他得到了這個消息，抓人了，我就告訴他們〔林二與黃石城〕，馬上相辭回律師事務所，把那時候接的案件做一個處理，哪些案件應該找林明華律師？哪些案件應該要找哪一個律師？假如我也被抓了的話，這些案件趕快要找適當的律師轉接給他們；假如錢已經收了，分一半給新的律師；沒有收的歸他們，然後把事情辦好。

做好出庭辯護的準備，許榮淑來訪

那一天中午我回來吃飯，飯後，我告訴我太太：「發生這麼大的一個法律案件，我當律師就好像醫生碰到大車禍，律師不幫人家辯護就如同醫師不救人一樣。假如我參與這個審判頂多被國民黨迫害，但是我假如不參與、不救這些民主前輩的話，我終生會心痛、不安。」所以我告訴我太太：「可能妳要做一個準備，假如我因此被抓，我律師事務所準備好了；假如沒有被抓，有人來找我辯護的時候，無論多艱難我還是要接辦，還是要辦理。」

當天晚上快要下班的時候，就有兩個人來，就是許榮淑，她為她丈夫張俊宏的事情來找我，希望我幫她辦這個辯護的案件。後來我問她：你為什麼找到我？她說她們幾個朋友經過討論以後，因為張俊宏他寫了很多的政治理論，寫了一大堆的文章跟書，他是當時黨外的理論家，那麼，要為他辯護的人，他們挑來挑去以後，認為我有這方面的法哲學、政治哲學、政治思想的修養、素養，所以我最適合來辦這樣的案件。

後來我就告訴她：好，我可以答應為美麗島高雄事件被抓的人辯護或者保護，但是至於為誰辯護，要看整個的佈局、安排。後來慢慢就確定我為張俊宏來辯護。

同時為張俊宏、施明德、辯護（一）

不久以後，又出現了施明德。我們當初以為他已經可以順利的脫離臺灣走了，沒想到又被抓到。抓到他以後，他家裡的人去看守所看他出來之後說，他說：除了找尤清辯護以外，其他就不必了。所以我又多挑了一位。本來是一個人辯護一個，我變成辯護兩個，八個被告每名兩位律師，但只有十五位律師，後來施明德又不能夠順利的脫險，所以他們就找我辯護，我也答應了，因為我們是中學同學。

所以這段期間裡面，又有黃天福找我為黃信介辯護，我就告訴他說：「實在我很為難，第一個為難就是我頂多能辯護一個人變成兩個人，是不是能夠找其他人？」後來黃信介就找陳水扁跟鄭慶隆，大致上是這樣。

律師團開會，講解軍法審判及普通內亂罪

開始接受辯護以後，我們這幾個參與辯護的律師每天晚上就在陳繼盛的律師事務所──現在的自由大樓七樓──碰面，吃便當，然後開始討論。

那時候我做幾件事情，第一件事情，我專門介紹德國，分兩個方面，介紹德國納粹時代所謂「國民法庭審判」的軍事審判。正好我在德國的時候曾參加一個seminar的課，就是關於納粹時代的軍法審判、軍事法庭，就是國民法庭審判。所以我就從歷史方面來介紹。

除了德國以外，後來我又介紹其他國家的比較法中，有關於叛亂內亂罪、內亂外患罪的政治刑法。這讓我能夠對這些議題有非常的深入探討。在十八世紀，尤其十九世紀初，在皇權時代，他們如何用刑法來保護皇帝、保護皇權，後來他們有左派的，比如社會主義或共產主義興起時，這些國家如何來打擊？如何抓人？如何軍事審判？研究這些政治審判的情形。

我的結論有兩點，第一點，到目前為止，除了蘇聯，其他國家已經不存在普通內亂罪。普通內亂罪就是非以暴力手段的內亂罪，也就是所謂的刑法一百條。因為刑法一百條所規定的是普通內亂罪的構成要件、成立要件，而它的處罰則是規定在懲治叛亂條例第二條。類似刑法一百條的條文在全世界都已經不存在，只剩下臺灣。後來大概林山田──他也是刑法教授──跟陳師孟、李鎮源他們要廢除刑法一百條，也因此而來。現在世界上各個國家的法律都已經沒有非暴力的普通內亂罪，只有暴動、暴力內亂罪。

第二點，他〔國民黨〕把內亂罪又擴大成為「懲治叛亂條例」、「檢肅匪諜條例」把範圍擴大得非常大，變成製造謠言、或者是藏匿叛亂人犯，通通是重罰，所以高俊明、張溫鷹的案件[5]才會用軍事審判加以重罰。

再來第三點，因為內亂罪只有陰謀預備，然後既遂，沒有未遂，所以整個來講的話，就是內亂罪的行為三階段、四階段，從陰謀、準備到既遂，又拿掉了未遂，這些行為四階段都非常的混亂。也就是說，只要軍事檢察官或者軍事審判官斷定他可以從預備一直到既遂，他都可以隨便判、可以亂判。所以我在為施明德的辯護狀上面也寫得非常清楚。

最重要的一點就是這兩點，就是普通內亂罪，非暴力也可以成為內亂罪；第二就是從預備陰謀一直到既遂，這些行為上的認定都是非常混亂。我們都知道在十八世紀、十九世紀的時候講說「心中無罪，心中有犯無罪」，就是不會因為他的內心的意圖、內心的心理，內心還沒有到決議階段，那麼不能夠成為犯罪。這一點在辯護裡面我也有寫，你們再查一下就很清楚。最重要一點，就是在過去的警總或者軍事審判有關於內亂外患罪，他可以擴大非常大的範圍，最主要是兩個，第一個就是普通、非暴力的可以成立內亂罪，而且內亂罪的範圍經過「懲治叛亂條例」、「檢肅匪諜條例」以後就把它擴張，擴的很大，隨便哪一個人被抓到就可以套上內亂罪、判亂罪。第三個更糟糕的就是行為三階段、四階段混亂，甚至心中有任何的思想都會變成

5 因藏匿施明德而被捕、判刑。

犯罪，這是違反一般法治國家的原則。

後來我也介紹他們十八世紀……〔受訪者起身找資料，訪談中斷〕……為了要做這個辯護，我也特別把德國差不多一九〇一年前後，一直到納粹、到二次大戰後一九四五年的審判資料找出來，因為一九四五年剛戰後，還有一些像紐倫堡大審，像抓到那些納粹戰犯的時候還在審判。從一九〇一年到一九五〇年這段時間，差不多所有的政治刑法、政治刑事的審判的著作，我大概都找齊了，事先做個研究。

這些研究裡面，有兩本書很重要，一本書是關於從大概一八四八年以後到一九五〇年，那一段時間中具有歷史價值、歷史性的軍事審判，他們那些論著我全部找齊。在納粹時代有關抵抗權這些文章大概我都找齊了。對這些研究最大的幫助是，我曾在德國參加一個法律史的研討課，這課程裡的報告或團體的報告，我全部看了、整理以後，就提供給我們軍事審判的律師團作參考。

在這段期間，除了這些文章以外，我找到兩本書，就是一個Schroeder教授的升等論文，題目是〈在刑法中有關於保護國家及憲法的規定〉，這些是從歷史特別有代表性的文章，還有他的論作通通寫出來。這個非常有趣，如何保護國家？如何保護憲法？原來在那個時候都是保護皇帝，後來就是保護總統個人、保護獨裁者。我有時候會引用這些文章中的名言，例如：他們這些政治上的運動並不是反社會，跟一般的犯罪不一樣，他只是反對當時統治的權力，他的動機是善良的，因此不能用一般的刑事來加以懲罰，而是用政治上的譴責讓人民來做判斷；原則上都是用政治譴責，不是用刑法來處罰。這是第一。

內亂罪的界定

第二就是一九四五年納粹倒掉以後，從一九四五年到一九五五年的十年的期間，德國還是很多地方被聯軍統治、佔領，他們對那些軍事的、政治的審判中，有關於叛亂罪、內亂罪的準備也有非常明確的界定。因為在納粹的時代，他們把很多人都當作叛亂罪來制裁，戰後這十年期間，他們很多人要翻案，最重要的一點就是叛亂罪成立跟不成立的界線非常薄。

所以那個時候我也找到一篇一九五四年的文章，是有關於叛亂罪的準備，罰與不罰的界線，叛亂罪是預備、著手以後才有刑罰的問題。最重要的一點還是行為人的主觀要件，應該考慮這些行為人的主觀要件，事實上美麗島政團的這些人只是要參與政治，並不是要以武力、暴力的手段去推翻現有的政府，他們只是要參政。

所以這些資料裡面都是認為叛亂罪是從主觀的意圖來認定的，事實上我們的刑法一百條所列的構成要件中也是有主觀的意圖，有非法顛覆政府的意圖，變更國土、變更國體等等，所以主觀的意圖是最重要。這些資料我也提供給律師團來作為參考。那個時候我有一句名言：要判定意圖跟準備的話，必須在遙遠的霧中清晰可見。你要在遙遠的霧中還清晰可見，至少要清晰可見的程度，才能夠當作他有叛亂的意圖。那個辯護你們可以去找六十九年三月的《臺灣時報》，你應該把那個報紙找出來。

有，都有找出來。

假如《臺灣時報》你找到的話，影印給我一下，《臺灣時報》還有《中國時報》跟《聯合報》，那時候三大報大概都寫得非常清楚，那一些辯護上的那一些事情，你找到以後下次再來講。

正義不只是邏輯，還是經驗：石頭跟木棍可以叛亂嗎？

那時候為了辦這個軍法審判，我先把內亂外患罪從歷史、從比較法來做一個研究。另外也做一個研究，就是當時德國最完整、而且最大的一個刑事訴訟法的書，是海德堡大學的教授寫的，叫做Eberhardt Schmidt，他寫的書裡面大概有十冊。

因為那個時候學校的大學圖書館每兩年以後就把舊書賣給學生，所以這本書有蓋個章賣給我，這一本大概十塊錢，其他我不要，我就要他最原則的。書上有寫大學圖書館賣書，所以有蓋章[受訪者指給訪問者看海德堡大學圖書館的賣章]，一九七六年的十一月買的，還記得，他這套註釋書有十大冊，那我外國人第一點我沒有錢買書，而且也沒有錢運回來，所以我就挑買。

買了之後，為什麼軍法大審時要拿出來看呢？因為裡面有關於刑事訴訟法的大原則，跟刑事訴訟法的理論基礎。我們都知道程序正義、實質正義，很多人都講要程序正義也要實質正義。事實上程序正義有它的理論基礎，這位教授是專門介紹程序正義的理論基礎，這本書裡最有名的一句話——後來被美國一位法官叫Oliver Holmes引用——他說正義不但是一個邏輯，而且是一個experience，正義、justice不是只由logic來判斷而已，還是要經驗。

他在程序正義裡面特別提到，所有的程序上不只是法官在法條的解釋、邏輯的推理，最重要就是邏輯推理演繹能不能按照一般的社會經驗讓大家可以接受。所以英美法有陪審團，大陸法有參審團，就是這些法官的判斷不但是一個法官的專業訓練，按照法律解釋來適用，解釋法律、適用法律，對於事實不但是按照他自己的歸納演繹、邏輯推理，更重要的是他做判斷時有沒有符合當代的人、當代社會經驗。

「Justice is not a logic but experience.」大概Holmes有講過這樣的話。

他所說的話改天我再幫你找出來。我記得我在法庭上也有這樣講。這些就是Eberhardt Schmidt的書裡面有特別提到，……[受訪者翻閱書本]……有那句話，我那時候都是習慣用鉛筆作註，哪天看出來再告訴你。

所以那個時候我特別用這個來做理由指出：軍事檢察官起訴的時候說他們是要叛亂罪，難道叛亂罪是用木棍跟石頭嗎？是石器時代的叛亂嗎？這個是違反了experience。你可以看那個報紙。大致上來說，我做軍法大審的準備可以說是非常充分。

落伍一百年的法律：刑法一百條

我做這個審判的時候，除了這些以外，最重要就是兩個法學家的思想，第一個Prof. Gustav Radbruch，一個是Hans Welzel，這兩個都是刑法教授，他們都是在法哲學方面非常有建樹的人；Radbruch是在法哲學，Welzel是在刑法方面。我當時在為軍法審判準備的時候，最主要是引用這兩個人的法哲學思想，資料是來自Schroeder教授升等論文所蒐集的，還有我在海德堡大學上我的教授Prof. Adolf Laufs所開的納粹時代軍法審判，我修他的課，回來的時候正好用的上。

最重要的一點就是，那麼複雜的研究上下古今一百年，在歐洲、尤其德國的反對運動最蓬勃開始是一八四八年，一直到戰後的一九四八年——一九四八年戰後那段時間還有一些平反的案件——差不多這一百年的法哲學、法律的制度還有文章大概我都蒐集了。可以說留德將近五年所學到的，剛好都在這次審判中運用上了。

另外，如何把這上下古今一百年的法哲學思想跟法律制度運用出來，也是個重點。那些規定正好顯示了我們當時的法律比德國倒退了五十年到一百年；德國一八四八的法律，臺灣還繼續用。我們的刑法一百條就是他們一八四八前後的法律，國民黨政府一直用，在中國大陸時用來對付共產黨，到臺灣以後對付反對運動者，都是用他們一八四八以後這一百年的法律來審判。這些審判中，他們在軍事法庭裡面對抗的那一些文字，正好我拿來攻擊我們臺灣警總的軍事法庭。那麼我們現在就是談到軍法開庭前的準備，訪談大綱的C跟D大致上是這樣。因為你來的時我應該要列一張表，我改天再跟你列一張表，再來做有系統的敘述，今天先談一談。」

我是不是可以補充問一些……？

現在是C跟D，好不好？最後我再來做歸納，歸納之後再來問問題。參與辯護律師團的過程，最主要的，我是《美麗島》雜誌的作者，〈論抵抗權〉跟〈淺談人權跟法治〉的作者，而且是非常受爭議、非常critical、非常被注意、被批判的一個作者，用本名發表。我又參加了比較法學會的平民法律服務的律師團。因為這個機緣在一起，大家就結合起來做軍法大審的辯護律師團。

再來就是軍事審判開庭前的準備工作，那時候每天晚上就大家集合開會，最主要就是分攤工作。我的工作就是兩件，第一件事情就是內亂外患罪的法律史跟比較法的介紹，最主要是這個工作。

再來在事務性工作做得最多的，就是兩個人要感謝，一個是尤宏、一個是藍美津，他們每天就把卷宗抄錄以後拿回來，影印給大家。我這個是影印本，正本好像也在我這邊，我記得林濁水給我拿去影印，不曉得是不是在他那邊？或者另外我弟弟存在哪裡？我不知道。我這裡剩下影本。大致上先一個階段。

勘驗高雄事件現場

我知道在書上您有提到就是十二月十七日那一天，剛好有朋友來找你下去高雄，你也順便到高雄去看事件現場。

對，那個事情沒有錯。是怎麼樣呢？我去德國念博士班的時候——其實德國沒有所謂博士班，我就是做博士候選人。有一個海德堡附近一個小村莊的年輕朋友，他剛好讀一年級，對我蠻尊敬的，他又有車子跟我接送，叫做Manfred，跟我蠻要好的。有一天他帶他女朋友來看我，在德國海德堡的時候，他說等到他畢業的時候，我也畢業了，他們結婚時候的蜜月旅行要到臺灣來，而且指定要到我成長的故鄉。

後來我已經先回來，回來做律師。後來他也畢業，他是大學的畢業、法官考試的畢業。他結婚後，就帶他太太參加旅行團來蜜月旅行，我邀他說乾脆不要住旅行團安排的中國飯店，來住我家，那時候是住在青田街我家。我就安排他去看我成長的家鄉，晚上坐飛機下去，到高雄以後，在小港機場我們就叫計程車往大樹、旗山的方向走，往外看都是黑黑的，都是香蕉園。

到了家以後，因為我們那是鄉下房子，那個時候還沒有新蓋二樓，只是平房。鄉下很多壁虎，濁水溪以南的壁虎會叫，他嚇一跳，我就跟他說：那是上帝派來的警衛、衛兵，保護我們，牠專門吃蚊子，專門吃毒蟲，沒有毒。後來我們就掛一個蚊帳給他住。

十七日我招待他去高雄，所以那天剛好住在發生美麗島事件那裡的附近，有一間不知道是國王飯店、還是君王飯店？國王飯店的樣子，就在發生美麗島事件的圓環旁邊，我就招待他跟他太太住在那邊，我跟我太太也住在那邊。

為了要瞭解所有的情況，我叫我兩個弟弟——尤宏和尤杰——拿捲尺去量路。量路的時候，交通警察看我們很奇怪，問我們說你們要做什麼？我們跟他說：這路壞了，市政府工務局要修理路，我們是包商要去投標、承包，所以要量路。警察就來幫我們指揮〔笑〕……。測量路寬，包括思源路〔應為瑞源路〕，那裡面的每條路我們都實地測量，你看當時的《時報週刊》有寫，總共路寬有多少我們都量出來。譬如說當時姚嘉文帶路的時候，經過這條路、這條路……，路寬都量出來。

後來我還查出拿槌子出來打的人就是從一個叫做「鳳凰橋」的地下室餐廳出來的。而在鳳凰橋餐廳的對面有一個工地，工地有一些木頭的板模，事發時的一部份板模是從那邊拿來的；另一部份漂亮的、圓圓的木棍是從對面一間木材行拿的。這些我都去調查出來了，也花了大概很長的時間。因為我太太跟他們去吃飯，我沒有去，就帶我兩個弟弟去量路、去記錄現狀。

所以我在軍法大審辯護時候，你看那個記錄就知道，你也可以問立法委員邱垂真，我在辯護的時候，資料比檢察官還清楚，因為我現場去看、去量過。對，十二月十七日，後來我們回來的時候，再坐巴士回來，野雞車的樣子。

那個時候在現場勘驗的時候，有沒有也順便訪問當地的居民關於事件當天的……

那時候我們有問他們，他們說他們起先也不知道，只是看人越來越多，怎麼會有一些人在打架？他們的印象就是說，那些打人的人好像不是遊行拿火把的人，拿木棍在打的人是突然跑出來的。大致上他們是這樣說的。

是怎麼樣會注意到鳳凰橋餐廳？

不是，我所有的地方都去查，所有的每間店我都去查。譬如說鳳凰橋餐廳，它是一個地下室餐廳，在當時來說，地下室餐廳都是做黃、做黑的，我是怕那裡面是不是有一些黑道的，因此要進去看。我要去看的時候，那個看門的人又不讓我進去，我就想說這一定更加敏感。我一直四處找，找到那裡，因為事件發生之後報紙也有報出來。

另外報紙也登出來有人拿棍子。那種棍子我看得出來，因為小時候家裡要建豬寮、建房子的時候，我曾幫忙做小工，所以我知道報紙相片裡面的板模「角仔」［木條］就是那一種，我就知道可能就是這類的。我們把可能的疑點都找出來，譬如像打人的木棍，就去找找那附近有沒有木棍？結果就找到一個木材行專門在賣。我去調查的時候也有照相，那些東西有人買去打人，後來沒賣出去的還擺在那裡賣，我也照相起來。我在調查庭和檢察官、法官辯論的時候，我就跟他說：這條路多寬，站多少人，這些木棍是臨時就地取材的。〔訪談中斷〕

這個影本是那時候我影印起來，要去旅行的時候帶去看的。像這個喀爾文和馬丁路德，兩個都是天主教教士，後來宗教改革。喀爾文走向激烈、勇敢、對抗統治者、對抗封建；馬丁路德妥協。因為那時候在做監察委員，常常每個禮拜都回去，我書放在家裡，影印的是旅行帶在身上的。我有兩三本重要的書在那段期間不見，因為在車上和人講話什麼的忘記了，好像有兩三本遺失。裡面有一些憲法獨裁的書，就是後來我寫《立憲、毀憲、護憲》的參考。那本書就是從威瑪憲法的制憲、立憲，之後到希特勒時代，他利用威瑪憲法做很多……譬如說授權條款、廢省——李登輝現在在做的廢省——還是授權法，比如說臨時條款、戒嚴法、軍事審判，所有的內容我寫出來就是《立憲、毀憲、護憲》，總共是一百年的過程，剛剛好國民黨濃縮成五十年。所以我那個文章出來之後，國民黨很受不了。我的《博觀》雜誌被禁之後，叢書裡面就是那本書最具殺傷力。我找出來讓你影印。

姚嘉文邀稿，撰寫〈論抵抗權〉

我想問一下，你在比較法學會時，對當時的黨外人士，比如說姚嘉文、林義雄他們的運動和作法，你的觀察和反省是什麼？

那時候林義雄不常參加平民法律服務，因為他那時候開始在做省議員。姚嘉文有參加那時候的平民法律服務。我回臺灣是六十七年九月以後。民國六十七年九月之後，林義雄已經去做省議員[6]。

對當時他們黨外人士的運動……

我之所以會寫〈論抵抗權〉那篇文章，就是因為我當時在做律師，在法院的律師休息室遇到姚嘉文，他也在做律師，我跟他說：你第一期的《美麗島》雜誌寫的不錯，但是你說愛國叛國論，實際上沒有什麼叛國，因為反對暴政是人民的抵抗權、革命權，這在德國憲法已經規定合憲合法。他說：這樣很好，你趕快寫給我。我說：好啊。

他遇到我是早上十一點，他說今天要截稿，我回來開始寫，六點就交給他。因為我那篇文章裡面所參考的文獻都看過了，所以在一天以內就把它完成。因為相關的文獻以前都有在看，而且我有一個習慣就是看什麼文章我會用一個便條寫著，雖然不是很詳細。所以我一下就把它整合出來，當天就把〈論抵抗權〉交給他。

---

6 一九七七（民國六十六）年十二月，林義雄當選宜蘭縣第六屆省議員。

「公共政策研究資料室」：為組黨作準備

我在你這本前傳裡面有讀到，你在律師事務所裡面還有闢一間叫做「公共政策研究資料室」，裡面蒐集你自己看的黨外雜誌、政見還有一些公共政策方面的剪報。

是，那時候我一個想法就是，因為我在德國讀書的時候剛好是一九七三年到一九七八年，這段時間剛好西班牙、葡萄牙、希臘他們反暴政、反獨裁、反威權統治，後來轉換作為民主。我剛好那五年天天都在看電視、看報紙、看雜誌，觀察希臘、葡萄牙、西班牙他們怎麼樣推翻當時的獨裁者，當時是他們從威權統治轉化成為民主政治的最重要關鍵時刻。

當時有一個名言，因為那時候希臘成立很多的政黨，有一個主要反對黨領袖說：「政黨多，比坦克車多，還更合人權、更合民主、更和平。」因為以前他們要是稍微有一些街頭運動時，坦克車、鎮暴車都開出來，所以可以說那時候他們的政黨多到那個程度。

我這裡面有寫，那個時候我就知道在政治轉型的過程當中，有三個必然的現象：新憲法、新政府、新國會；新政府就是新的總統、新的總理。我們知道國會、選舉、政黨是所有民主的三個最主要基礎，所以說國之四維，民主三維，就是國會、選舉、政黨。

過去我們臺灣的國會沒有改選；而選舉是僅限於地方的選舉，沒有到中央的國會；而且他〔國民黨〕絕對只讓你以個別候選人參選，不讓你有政黨。我那時候有一個概念，就是在兩蔣父子……甚至在蔣的兒子、小蔣當政的時候必然會被推翻，最壞的打算是他死掉以後，他們家族統治的威權政治必然會瓦解。而在必然瓦解的時候，我們希望能夠減少流血，能夠非常平穩的過渡。要達到平穩的過渡要有組織化，能達到組織化的應該是政黨；或者是要提早推翻小蔣的威權統治的話，也是要透過政黨的力量，不能用個人。

臺灣在日本時代還有臺灣民眾黨，到了二次大戰後，國民黨讓你個人去選舉，但是絕對不允許組黨。所以《自由中國》雜誌要組黨，抓人；余登發要組黨，抓人；《美麗島》一樣抓人。那個時候余登發案跟《美麗島》案還沒有發生，但是《自由中國》案已經發生了。

那時候我就知道，雖然組黨以後必然是抓人，但是臺灣的政治轉型必然是要組黨，所以那時候的政策研究就是要做組黨的準備。當時在做公共政策研究資料的時候就是專門在蒐集資料，有時候我會去收購書籍、或是蒐集收到的書，有關黨外人士的資料我都蒐集起來。

那時候你在這方面的研究，有沒有理念上面比較接近的人互相在討論？

沒有，那個時候只是我自己蒐集資料。在六十七年底的時候，不是有一次選舉後來被停掉了？就是「中」美建交、臺美斷交以後停掉選舉。那段時間，我和三個助理每天晚上五點半吃過飯以後，就開始去聽政見發表會，蒐集資料，從北到南去蒐集資料。

與黨外人士的交往

你可不可以談一下您當時跟黃越欽、跟黃石城還有林二……？

沒有，跟黃越欽沒有關係，那時候跟他們三個人⋯。

不是，我是說跟他們交往的情形。

那個時候是黃石城、林二，還有一個叫做顏尹謨。那時候我已經開始慢慢出名，因為寫〈論抵抗權〉，他們非常有興趣就找我，我就跟他說辦雜誌不要辦相同的；像《美麗島》跟《八十年代》就非常重疊。希望辦一個現有之外的雜誌，能夠深耕本土，為臺灣的民主播種、生根發芽、開花結果做準備。當時我最基本的構想就是深耕本土，土挖深一點讓樹能夠種的下去，根能夠發得出來，種樹發根這樣子。

你跟這幾個人是怎麼認識的？

那時候在中山北路有一個叫做「臺灣小調」的餐廳，有一次我和兩三個朋友去那裡吃臺灣料理，我看到林二帶著四、五個人在那裡唱臺灣的音樂，那時候在唱一些「天黑黑」、「一隻鳥仔揪揪叫」，還在那邊做解釋。我聽了以後，眼淚快要掉下來，很感動，我才跟他介紹說我是尤清律師，因此我才認識林二。是從那開始的。「臺灣小調」餐廳那裡都有一些人在唱一些臺灣歌，那時候剛開業沒多久。我那時候就感覺說這個是最文化的東西，文化要生根本土。從那開始，他才牽線黃石城跟我認識。

就是先認識林二之後才認識……

所以黃石城現在還在做文化復興運動，應該是臺灣文化復興運動，和這個也稍微有點關係。

旭日東昇的律師業務

你在〈前傳〉裡面也提到說，辯護律師是以平民法律服務中心的律師群為主。可不可以談一談當時的律師界是什麼樣的生態，讓比較理念相同的律師會聚集在比較法學會，然後去做這樣的事情？

那時後我們參加律師團的這十五位律師是核心，還有一些外圍、關心臺灣民主的人。不僅核心部分的人關心，外圍的人也關心，但是外圍的人因為個人的家庭、事業種種的考慮，沒有加入辯護律師團。所以當時參加軍法審判、司法審判辯護的就是這十五位律師。

我參加三個案件，就是軍法大審的施明德和張俊宏；再來是藏匿施明德案中，高俊明跟張溫鷹的軍法審判；之後楊青矗、周平德等等五個他們是司法部分。我另外又有一個李慶榮的案，李豐醫師的丈夫李慶榮的案，那個案子是跟李勝雄一起辯護。

我剛回來的那段期間，民國六十七年九月剛開業律師，民國六十八年十二月正好業務最好、事業正好起步的時候，就捲入了這個軍法審判。我在九月開業到第二年十二月的時候，很多跟歐洲有做貿易、有生意來往的公司都找我，甚至德國、荷蘭、比利時等歐洲很多國家的在臺分公司，他們在臺灣的很多法律案件都自動找我。所以那一段時間正好是我非常好的起步，非常快樂、非常勇敢、而且非常順利的起步。那時候正好是壯年，三十五、六歲，身體正勇［健康］的時候，也是生意最好的時候。

那個時候參加辯護團的律師裡面，各種身份、學歷、業務等等，我可能不是最好。那時候業務最好的可能是江鵬堅跟張俊雄，好像陳水扁跟謝長廷也不錯，但是老律師是江鵬堅跟張俊雄。我是剛做了一年多，雖然只做了一年多，但是對於所有歐洲的法律事務、法律案件，可能我是最瞭解而且最多。

當年的律師界生態

您是不是能夠談一下當時臺灣律師界的生態？

律師界就是以前的平民法律服務中心最主要的一群人，大概有一百個左右，至少有五十個左右，後來這五十個左右進入軍法大審辯護核心的有十五個，司法大審大概有三十個，這樣加起來、重疊以後大概有三、四十個。那麼還有一些外圍的律師，就是非常同情、非常支持，但是不能夠參加辯論。

當時我們知道說有比較法學會，律師界也有像律師公會這樣的組織：律師公會是那時候很多軍法轉司法、軍法退下來做律師的那一些人，人數最多，所以可以說當時律師公會是那些人霸住。不過雖然是這樣……他們有時候會講一講風涼話攻擊我們，但是是無效的。

軍法大審時的兩邊陣容

那時候有一個耿雲卿，耿雲卿是為他們做顧問，雖然他當過法官，他是軍人退伍在司法院做司法官。但是耿雲卿本身的法律修養對我們這個律師群來講傷害不大。

我們在軍事審判的時候，他們都是用好幾部的錄影機錄影，當天他們大概會在軍法庭那邊找這些支持國民黨的法官、這些資深的軍法官、律師、法官在那邊研究。等於是我們十五個人，他們後面也一大堆人在跟我們對抗。在檯面上的是檢察官、法官，五個法官跟兩個檢察官，中間有一個叫林輝煌，有一個叫蔡藤雄，林輝煌後來當了法官，當了院長、庭長什麼的。

在那個時候，我們真的是充分的準備，無論是法哲學的理論，或者是比較法跟法律史的資料，事實上是我提供最大的力量。但是在刑事訴訟法跟軍事審判法方面，有一些資深的律師他們的貢獻最大。因為他們畢竟沒有做過這方面的研究，譬如李勝雄是留美的，美國就沒有發生過這種軍事審判的事情，很少嘛。而謝長廷是留日的，但是我發現謝長廷怎麼奇怪，他那時候好像只拿到戰後東京軍法審判的資料，但是那是國際的戰犯審判，不是內亂外患罪。反倒內亂外患罪的審判資料，我拿來的最豐富。

同時為張俊宏、施明德、辯護（二）

那時候你說許榮淑來請你擔任張俊宏的律師，那是一發生美麗島事件以後沒多久，許榮淑就來了？

就是抓的當天，十三號當天。我不是剛剛講，十三號早上，黃越欽打電話告訴我弟弟說：「你哥哥尤清要被抓，趕快叫他善後。」後來中午我回家吃過飯以後，就跟我太太告別了，我說：「也許我今天下午再出去，可能就被抓了，或者是吃過飯以後他就來抓了。假如他沒有來抓我的話，就是我參加辯護。」

後來當天下午、晚上的時候，許容淑就來找我，好像許榮淑跟司馬文武一起來找我。

後來是什麼樣的接觸之下，施明德……

施明德是後來大概他沒有辦法順利脫險以後……，他不是被抓了嗎？他大概是在二月的時候被抓。我們律師辯護團是大概在十二月底就已經成形。我印象裡面大概在十二月聖誕節以前，我們就開始開會。然後我是十七號、十八號去高雄，大概是十六、十七、十八號去高雄，因為我那個德國朋友是抓了人以後才來臺灣。

您可不可以談一談，當時除了您剛剛提到就是閱卷方面的不方便、不准影印那些……

那個是不是等談到審判過程的時候再講？現在先講準備，軍事審判跟司法的過程下次再談，好不好？我們現在是集中在參與，那麼你最後一次來的時候，我就是ABCDEF整個做一個十五分鐘的連續性敘述。我們先談一談你好做，有了連續性的敘述，萬一以後你們要放映這個片段、或者內容要整理，你們才不會散掉。［訪談中斷］

陳繼盛律師與張德銘律師

可不可以請你談談在組織辯護律師團的時候，除了陳繼盛律師他提供場所，然後在他的事務所開會……

提供兩個場所啦，有關於律師的討論就在陳繼盛律師事務所，那麼有關於抄錄的、這些影印的都在我律師事務所。

當時您知道說在組成這個辯護律師團這群人的時候，是不是張德銘律師他也有在背後出很大的力？

那時候張德銘跟康寧祥都沒有出現，都在背後活動。但是律師在組合的時候是陳繼盛出力比較多。事後好像人家認為張德銘貢獻很大，但是他那時候可能有一點恐懼感，怕被抓，好像是這樣，後來他選舉時有人算他舊帳。事實上他也有貢獻，對於安排律師及提供法律知識有相當大的貢獻。不過比較來講，我也有被抓的恐懼，但是我還是挺身而出。這很清楚的。

美國在臺協會未協助

那時候比如說美國在臺協會，他們那方面是不是跟律師這邊有什麼樣的接觸？

後來美國在臺協會很奇怪，那時候施明德到處在躲藏的時候，艾琳達不是到處在奔走、求救嗎？美國在臺協會非常的保守，可以說都不敢插手，很奇怪，跟現在美國派在北京的，或者是六四事件的美國插手比起來，可以說是天壤之別，相距非常大。我記得非常清楚，那段期間美國駐臺單位的人都不敢插手。

不過有兩件事情他們可能從旁協助，有一次美國的Bar Association、美國的律師公會成員、還有國際法學會的學員來臺灣在圓山飯店開會，那時候他們也透過美國在臺協會安排跟我們律師團見面，裡面有很多的律師，有幾個律師也關心這個高雄事件。

另外有一件事情就是以前在美國做過法務部長的Clark，後來伊朗的美國戰爭事件的時候，Clark就代表卡特去解救，他是在卡特時代當司法部長。那時候有一個國際人權組織派他來臺灣，他要來之前，透過一個荷蘭人從美國用德文打電話告訴我，因為那一段時間所有的電話都竊聽，大概用德文他們聽不懂，聽說他們監聽我的時候是派一個國防外語學校教德文的中國老師來監聽我，那個時候我德文講得很快，現在講的比較慢，那個時候曾經有德國的單位、或者他們透過會講德文的人跟我講，講的很快，他們竊聽了以後，錄音下來聽過好幾次，聽說還不知道在講什麼？所以這個消息他們沒有辦法攔截。但是在Clark還有美國這個律師公會來的時候，美國在臺協會他們有做適當的協助。

主要是哪一方面？

Clark來的時候是也透過美國在臺協會的人。還有一個是史丹福大學的刑法教授，叫做Kaplan，後來他死了，他在世的時候我去過他的大學研究室，張富美知道他，你問張富美好不好？張富美很值得去訪問一下。Kaplan教授來聆聽軍法大審，還寫一本軍法大審的報告。

他就是有來旁聽就對了？

他在現場，後來寫一本軍法大審的報告。他裡面的結論大概是兩點，第一點就是：引用街頭的示威遊行作為叛亂罪來判刑，從西方文明國家的法律來看是不對的。但是第二點：國民黨一個外來政權的處境，非常恐懼街頭運動、示威遊行，因為一直擴大以後，未來也可以造成對它這個政權的挑戰。意思就是模擬兩可，他認為說用街頭示威運動來判人家叛亂罪，這是不對的；但是國民黨的恐懼應該是可以理解的。［笑］……就是兩邊打兩個巴掌。

接受委任後所受的壓力、恐嚇

您那時候接受了許榮淑的邀請擔任張俊宏律師之後，在處理整個案件裡面你所感受到的外界的壓力，可不可以請您談一下？

關於外界的壓力，我想做一個律師、或者做一個法律人要主持正義，就像人家說的：「敢做湯匙，就不怕湯燙；敢做火夾，哪有怕火燒？」火夾就是……──（問：夾火炭的夾子。）──夾火炭的，哪有怕火炭燙？所以本來就是要辦這個事情。

當然這個都是非常瑣碎的，比如說有人打電話恐嚇，跟我太太說：「現在尤清在積儀館，妳趕快來。」譬如說：「尤清現在在臺大急診，被殺了，趕快來。」或者說：：「我們要殺你全家。」甚至打電話威脅小孩說：「要殺掉你爸爸。」什麼電話都有，都是用電話。

倒是有一個人提醒我，他說：現在臺灣不是很多人都在陽臺種了很多一盆一盆的花嗎？人家會用這種陽臺上的盆花打你，到時候就變成意外。也有人善意的警告我說：你要過馬路的時候，小心車子撞你，造成車禍，可能會意外、或者車禍把你搞死。

甚至那時候後來我回家的時候，有一段時間媽媽不讓我坐飛機，聽說有人去告訴她說：妳見兒子坐的那架飛機一定會摔下來，給你製造爆炸。」後來真的是有一次遠東在三義掉的那架飛機，本來那班飛機我要坐——那是當了監察委員以後的事——，後來傅文政跟我約以後，來不及坐那班飛機，改坐後面遠東的班次。[笑]……所以人很多的命運，逃過好多的劫難。

劉峰松講解高雄事件過程

之前我訪問其他律師，他們提到在陳繼盛律師事務所時，劉峰松老師有到開會的地方去跟大家講高雄事件的經過，不知道你有沒有印象？

有啊，那時候是誰帶來的？鄭勝助帶他來的。劉峰松當時在現場，他有去講，沒有錯。

他在開會的時候有沒有放當時的錄音帶給大家聽？

劉峰松，有啊，但是那個聲音很混雜。後來他所提供的這些資料也當作我們辯護的一個參考，也好像有呈給軍事法庭去。

再度勘驗高雄事件現場

那時候在開庭之前，您下去高雄幾次？

最重要的就是那一次，那一次去實地測量。你們知道嘛，旅館都是下午兩點就可以進去了，我太太和我朋友先住進旅館以後，我太太就帶朋友去逛街、吃飯，後來我們就開始量，差不多量一個下午，量到晚上。所以我們量到大概八、九點，大概從兩、三點量到八、九點，所有的四周圍都量過一遍，每一條街道都量過一次。

因為呂傳勝律師也有提到說那時候他也有跟著下去高雄去⋯？

對，後來大概有一次，我們就是約所有的律師。那一次我量了以後，把這些資料都量好，把地圖都畫起來，畫好以後我就給他們做簡報。後來所有的律師又下去高雄⋯⋯——（問：又去看一次。）——對，大概去好幾次現場。

卷宗被掉換？

當時閱卷的時候發生不能影印的……

用手抄，這很多都是用手抄出來的。

後來是不是有發生在法庭上法官說是律師抄錯這樣子的一個過程？

應該不是抄錯，後來發現時，我們有跟法官爭執。他後來說我們抄錯，我們說：你這個給我們抄，我們不可能整個文句去造啊？是不是你自己掉包？」我們那個時候還有爭執。我們就跟他講說，那時候讓我們影印就沒有問題，你為什麼不讓我們影印？現在再來爭執。

大概是很多關於時間、地點的細節。我們抄是抄軍事檢察官在偵查期間的偵查筆錄，後來到軍事審判庭、調查庭的時候，他的筆錄就講不一樣的話，我們就講：「耶，奇怪，怎麼會不一樣？」然後審訊另外一個被告的時候，他的辯護律師所抄的筆錄又跟軍事審判官講的不一樣，我們覺得奇怪：你們軍事法庭怎麼可以亂掉包。」那時候書記官還跟我們吵，他說：「哪裡我們掉包？」我們說：「你同樣一個人寫，你在寫，我們也不知道。拿來對就知道。」好像是有關時間地點的細節時，有這樣筆錄不一樣的問題，因為當時考慮到先鎮而後暴，暴而後鎮，這兩個觀點爭執的時候，筆錄的內容特別重要。

美國在臺協會蒐集臺灣政治的資料：全文翻譯〈論抵抗權〉

你一開始的時候有提到，美國在臺協會有把你在《美麗島》雜誌上的文章翻譯到他們國務院那邊……

那時候是《美麗島》雜誌出版以後，大概每一期他們美國在臺協會就會……那個時候在臺協會還沒有正式成立，以後才成立，反正美國在臺機構那時還沒有撤散，他們就把每一篇文章的要點都翻譯。我那一篇文章好像是美國國務院要他們全文翻譯。這個是誰告訴我的？莫迺滇，就是莫德惠的孫子，後來當了中視的一個編導，他告訴我的，他那時候在美國在臺協會工作。

那時候是美國在臺協會對於臺灣的雜誌……？

後來我要求他說：：「我這篇中文文章有沒有英文翻譯，你能不能給我？」他說：「好，copy一份給你。」後來他也沒有給我，莫迺滇。他全部翻譯，我說：「好不好翻？」他說：

「好翻。」他說我寫的文章不會囉唆。我寫的文章非常明確，很典型的法律文章，很多人會寫的拐彎抹角，很多的假設語氣。我的文章都非常的清楚。

你知道說美國在臺協會是對臺灣的雜誌、政論性的雜誌都有這樣子翻譯的工作，還是說針對黨外的……？

不曉得，但是《美麗島》雜誌他們不是全部翻譯，是綱要的一個介紹，就是題目、作者、內容大致上是什麼，這樣做一個介紹。而我那一篇〈論抵抗權〉是全文翻譯，因為美國國務院後來要求他們全文翻譯。

所以事實上是美國那邊對臺灣政治活動的瞭解的一個作法？

這個我看不稀奇。假如是我們派在國外的單位，也會要求他們把當地跟臺灣有相關的報導報紙、雜誌影印傳真過來，這個很平常，這個沒有涉及到美國情報的問題。那只是他們對當地政情瞭解的一個作法，這是當然的事。

為「潮流事件」辦交保

您有提到跟黃越欽教授是大學同班同學，——（答：是。）——在大學同班之後，您留學回來以後的那幾年之間的交往過程……？

那時候黃越欽只是純教書，突然發生一件事情就是潮流案[7]……以前有一個《潮流》雜誌，就是陳婉真跟陳博文，後來有一個楊裕榮還是楊振榮？《潮流》雜誌事件，他們抓了人以後要辦一些交保的工作，關中找黃越欽，黃越欽找我。就是關中跟黃越欽在做協調，要放人，需要一位律師辦交保的工作，找到我，只是這樣。但是黃越欽為了那件事情以後，後來我們就約定說他要請我吃飯，就是美麗島發生那天晚上請我吃飯，結果也沒有吃成，所以我白服務了。

就是這樣子的一個因素？

7 「潮流事件」：一九七九年八月七日，一向熱中黨外政治活動的臺中市民陳博文遭逮捕，理由是私印《潮流》，同時被捕者有明輝印刷廠老闆楊裕榮。八月二十三日，《潮流》負責人吳哲朗說明承擔責任後，陳博文、楊裕榮、吳哲朗三人以兩萬元交保。

非常簡單。就是我幫他辦這個案件之後，我一直沒有時間，他也一直沒有時間，後來就約定那一天。那一天我四點到六點下課以後，約六點半吃飯，他來找我，我們到附近吃個飯，好像是到對面一個海鮮店，我記得我還講說⋯⋯「不要吃海鮮，我們到對面老張牛肉麵吃一碗。」辦那個案件我沒有收任何費用。他只是緊急狀況下找我，找到當律師的同學，當然找我。

為李慶榮辯護

我們知道您當時跟李勝雄律師辦另外一個李慶榮的案件。李慶樂是之前洪誌良的《富堡之聲》的編輯，是不是因為《富堡之聲》那個案子使李慶榮⋯⋯？

這一段我不瞭解，洪誌良跟他的關係我不瞭解。倒是他的太太李豐，李醫師找我⋯⋯。奇怪她這個條子還在我這邊，在我這本書上還有⋯⋯〔受訪者尋找李豐的便條紙〕⋯⋯李豐為什麼找我呢？因為我當時在臺大醫學院兼一個醫學倫理的課，而李豐經常在寫醫學的文章，她是臺大的講師，她有去聽。後來案件發生以後，我正好在那邊兼課，她下課以後找我，我說另外有事要走開，我約她來律師事務所找我。找我以後李豐⋯⋯。這個好像是李豐的字⋯⋯〔受訪者唸便條紙〕⋯⋯就是要我把這條子給她丈夫看，這是她寫給李慶榮的便條。我做審判的時候，平常我一個習慣就是，假如那篇文章我怕書掉的話，我都會影印起來，這個便條紙是夾在裡面，不曉得為什麼夾在裡面？大概當時審判的時候有引用到這篇文章，所以我就把它夾在裡面。

犧牲旭日東昇的律師業務，全心擔任人權律師

所以您那時也是兩個案子都在忙？

我跟你講，我把我最黃金的年華奉獻給人權。在此之前，有歐洲貿易的，無論臺灣或者歐洲人都找我，建立了起步很好、旭日東昇的律師業務。還有很多大的廠商，因為跟歐洲開始要建立貿易的時候，也是找我。後來我為這個做辯護以後，很多人退掉，很多人把跟我的關係退掉，就是切斷，我也自動的切斷，免得給他們添麻煩。

就是在那樣的政治環境底下……

對，可以說我過去這二十多年來對臺灣的努力是……，我就算現在不做，我也覺得應該我挑的工作已經挑夠了，應該讓別人再來挑，讓後起之秀來挑，我問心無愧了。

因為我經常把資料放在家裡面。每次我出國，我太太就把資料丟掉，這些資料〔指受訪者所保留的高雄事件審判資料〕算是很僥倖，放在櫃子上面。假如放在下面，我太太就丟掉一大堆書籍，資料如果佔地方，她通通丟掉。我當監察委員的時候很多的資料她都給我丟掉，這些因為放在上面，所以沒有丟掉。我記得那個時候林濁水來給我拿去影印，你問林濁水，我來問

林濁水，有沒有我的資料還給我？好像手抄本他給我拿去影印。繼續繼續，你先問問題，後來我們再來總結，好不好。你要問的問題最後底稿給我看一下。

抗議秘密調查庭，與被告會見的情形

我們知道當時在會見的時候，有不少律師都提到，他們會鼓勵被告要在法庭上面講出他們有被疲勞審訊、被刑求的過程。

那個時候，開始起訴以前根本不能會見任何人。起訴以後，開始委任律師，開始要審判以後才讓我們會見。我記得是二月二十一號准許我們……。他〔承審軍事審判官〕在前一天就……，我們律師委任狀都送進去了，我們送去的時候就應該通知我們律師到庭，他沒有通知我們就開始問案，他就問……，譬如說我們是當天將委任狀提進去的，他當天就問，也沒有通知我們律師。譬如說他問張俊宏：你有沒有叛亂意圖？你這是什麼？都沒有律師在場。

後來我們就跟他抗議，律師委任狀經送進來了，為什麼開庭不通知？你調查庭開始了，為什麼不通知我們？他說只是「人別詢問」，訊問說你是張三、李四，人不要弄錯，這是「人別訊問」。後來我們就跟他抗議，說不是啊，從筆錄裡面可以看得出來，你有問他到犯罪的實質內容。

會見時候的……就是跟您……您是跟施明德跟……？

答：我是跟施明德跟張俊宏。

會見的時候您對這兩個被告的觀察是什麼？

大概他們也不怕。不過就是認為國民黨在抓人的時候，要判多少罪就已經定了，這辯護本來也沒有多大意義。尤其是施明德，一副蠻不在乎的樣子，我問他什麼意見？他說沒意見，反正如此而已。好像有一個衛兵還點一根煙讓他抽，我跟他說：「為了辯護，我有一些問題需要瞭解。」他不答，他說：「不必要，反正他們也在錄音，我到法庭再來說。」所以替施明德來辯護最辛苦，為什麼？因為開庭前律師會見的時候，他都不提供任何意見跟線索，而且他以前沒有什麼著作。

而張俊宏他以前有很多的著作，例如《我的沈思與奮鬥》等等，從那些著作裡面我大致上都紅藍鉛筆——我那時候習慣用紅藍鉛筆——大概都做了一個便條，卡片都做了。我這邊有一個卡片箱，那邊有一個卡片箱看到沒有？這是二次大戰以前一個日本教授給我們以前一個臺灣的教授，那臺灣教授死了，我跟他家裡面的人要，一個親戚、一個朋友。我大概都做了卡片，針對他的著作，我大概都做過卡片。

所以說也是基於說為了替被告辯護，把他的整個思想上……？

施明德比較不容易瞭解，因為雖然我中學跟他同學一年，但是以後就沒有很多的來往。後來他當兵、被抓，那次被抓我還不知道，是到很久以後我才知道。他回來的時候，我碰到潮流的案件，他已經在《美麗島》雜誌當總幹事了，那個時候也沒有很多的來往。

與張俊宏的認識過程

跟張俊宏也沒有很多來往。我留學回來的時候，到他家裡去邀請他參加歐洲臺灣同鄉會。因為歐洲臺灣同鄉會要我回臺灣找一個反對運動、民主運動的人士去參加，所有旅費都歐洲臺灣同鄉會出。我就挑一挑，看他的文章也沒有什麼印象，不是康寧祥就是他，我想康寧祥那時候經常有到國外的機會，而他比較少，所以我就去邀請他，後來他就告訴我，在大三元餐廳，要歡送一個美國的神父。聽說那個神父是藏陳菊，在彰化埔心一個老的天主教堂。當時要歡送他回美國，雖然說是歡送，其實是被驅逐出境的。他們在大三元請他，我也特別去，結果我到的時候，警察馬上來，我才發現全部都被特務包圍。

您說的是當時陳菊曾經被……？

在此之前，在美麗島事件之前。

對對，她之前曾經有被逮捕過一次。

就是要逮捕不被逮捕的時候，她跑到埔心的天主教堂躲起來。就是這個美國籍的義大利神父讓她藏起來的。

所以您跟當時的其他黨外人士……就是除了律師以外……？

很少來往，沒有私下吃一頓飯或者是這樣談一談，沒有。

但是已經有認識了。

留學時對「政治轉型」的關注

坦白講……你現在問我早期民主運動？早期我的民主運動，不是因為跟他們接觸以後受影響，或者受他們拉攏才參加黨外活動，不是。

因為那段時間我在德國唸書，但是我在德國唸書的時候我參加了臺灣同鄉會的活動，我瞭解而且我透過臺灣同鄉會的活動瞭解一些黨外的活動。那個時候最有名的有《臺灣政論》，因為同鄉會的圖書室裡有《臺灣政論》、《九十年代》——那時候叫《七十年》——還有《中央日報》海外版，透過這些可以瞭解臺灣的黨外活動。

但是我最大的興趣就是政治轉型，就是從威權統治轉換成民主。後來我回到臺灣來做律師的時候，正好當時臺灣有這樣一個政治轉型的機會，我的興趣也是在找這個問題。最重要的是從威權統治到民主政治的轉型，我對這個非常有興趣。

在德國留學五年期間裡面，因為人在國外，雖然沒有辦法參與，但是對於臺灣還是有瞭解。那時候《中央日報》海外版拼命在罵黨外，我們把報紙的意思反過來看，一樣可以得到正確的瞭解嘛。《臺灣政論》也可以看得出黨外活動。後來我回來以後，就參加了《美麗島》，做一個作者，參加投稿。我不是因為跟張俊宏、跟施明德兩個人有密切來往才參加、才投稿，不是。我是從另外一個途徑、另外一個想法，然後進入了當時黨外的活動。我認為說「讀聖賢書，所學何事」，因此自動自發參與當時黨外的活動。我第一次接觸到張俊宏就是同鄉會要我去邀請一個黨外人士去歐洲，我自己去挑，挑張俊宏。在此之前我跟他沒有接觸過，我打電話找他，打一〇四、一〇五去問的。

當時您在這個平民法律服務中心的時候所接觸到的案件，您所碰到的案件對您來講，您所觀察到臺灣的司法，或者說臺灣當時的情況……

那時候軍事審判的案件沒有在平民法律服務中出現過，大概都是一些經濟上、財產的問題。而且那時候勞工的法律也還沒有很蓬勃，但是有一些雇傭的問題，都是一個經濟的弱者才會找我。……你的問題我們大概集中在參與辯護律師團，還有軍事審判的開庭前準備，開庭期間要不要講？今天來不及。

——訪談結束——

訪談尤清（第二次）

受　訪　者：尤清
訪談研究員：黃建仁
攝　影　師：柯能源
訪問地點：北市溫州街尤宅
訪問時間：一九九九年三月二日上午九點半
文字整理：郭美芬、黃建仁

※編按：楷體字為動作、訪問者發言。

國小時的大自然教學與視野拓展

一開始我想請尤律師描述一下您的成長過程、求學跟律師執業這段過程的經驗？

那要從小學開始談起。我是在高雄縣大樹鄉溪埔村一個非常鄉下的村莊成長的，小學就讀溪埔國小。在我入學之前，溪埔國小那時候大概是每個年級只有五十個學生左右。到我入學的時候大概有一百個學生，才開始分成兩班，所以就可以想像那落後的程度。

學校是一個鄉下的學校，因為是鄉下學校，所以小學過程中，我可以接近自然。我講兩個例子，譬如說上自然課，教自然課的黃雲星老師是農校畢業的，他教稻子的時候，就叫每個學生拿一支稻子來，稻子上有根、莖、葉、花還有果實，他都用很實在的田野教學。又譬如教到動物的時候，他的教學法確實很有實驗精神，將大自然當作我們的實驗室。他教鳥類的時候，不是教課本，他真的去抓兩隻鳥，或者是叫我們到樹上去找鳥巢、鳥蛋。有時候會找到剛剛孵出來的小鳥，他就叫我們不可以拿。有時候麻雀很多，春天時到處都在孵蛋，很簡單就能夠抓到。他並沒有叫每個人都去拿，只找一個，要大家舉手看誰敢去拿。抓到之後，把小鳥拿來觀察，完了之後再把牠放回去，之後再去拿別種鳥類。麻雀孵蛋、成長的時間大概都一致。

如果上課上到魚，那時候最出名的就是吳郭魚。我們小學五年級的時候吳郭魚最多，那時候大概因為農藥少，所以田邊的水溝、農田中間都有吳郭魚。那時候也沒有什麼實驗室，這位老師將四張桌子合起來就可以做實驗，學生就是在大自然甚至在大樹下，跟老師圍在那裡解剖，四、五個學生一組，也沒什麼解剖刀，就從家裡隨便拿一把割香蕉的刀、還是削鉛筆的刀，就這樣開始解剖。

在小學裡面影響我最大的是楊光武老師。楊老師是對日抗戰時響應「十萬青年十萬軍」而從軍的，他高中時就從軍。來到臺灣之後，政府讓他們回歸社會；選擇讀大學、還是找工作。因為他那時候生活很困苦，所以就開始來做教員。這位楊老師現在還在，還住在高雄縣鳳山。他每次過年一定去給我父母拜年，我父親過世後還繼續給我母親拜年。如果我去找老師和他會面的時候，到現在為止，和他見面的時候都稍微會起雞皮疙瘩，因為敬畏。

這位楊光武楊老師給我印象最深的就是歷史跟地理的教學。尤其因為他在四川，那時候參加十萬青年十萬軍，到處打戰、流竄，之後到臺灣，他這個人很有趣的就是他在上課的時候都要看地圖。我們念小學五年級的時候，教科書是用很粗糙的紙印的，但是那一期的地理教科書是用很好的銅板紙印的，所以風景、地圖都很清楚。

他教我們：念歷史和地理就是要擴大我們的視野，將我們現在所在的溪埔村擴大成高雄縣，擴大成臺灣、中國、亞洲、全世界。那時候小學在教的時候就有本國地理，和一小部分的外國地理，透過他的教育就開始將我們的心胸都擴大了。

我印象最深的就是有一次冬天，那時候鄉下孩子沒什麼衣服，也沒什麼棉內衣，就是兩件衣服疊穿一起，也沒什麼內衣內褲，小學生都穿短褲，很冷還赤腳。老師進來第一句話就說：

世界上最強的國家現在都在下雪。我們那時候不知道什麼叫下雪。因為他獨身不開伙，就叫一位謝伯伯，負責打鐘、挑水的老榮民，他有開伙，叫他拿鹽來。當時的鹽是一整塊的，他說雪就像鹽磨碎後的樣子，然後用石頭在那邊磨，把鹽磨到碎碎的樣子，給我們看。然後他把鹽灑出去，說下雪的時候就像灑鹽灑下來。後來長大後有讀到一句詩說「灑鹽空中差可似」，就是說把鹽灑在空中，稍微可以比擬下雪的樣子，「灑鹽空中差可似」，後來我德國留學，冬天看下雪，就是這樣。

他教地理都用地圖，很生動，我印象中就是他現在教說沙漠有駱駝，我們沒見過駱駝，他就拿他小時候和他叔叔還是什麼人去騎駱駝時照的相。他想盡辦法讓我們看。再說歷史，他說歷史的時候，讓我們感覺好像在聽人家講古說法。

那時候小學沒有什麼考試壓力，大家都沒有多讀書，遇到這個老師，很兇，怎麼樣兇？像數學在學四則問題、雞兔問題、種樹問題，小孩子都不會，他就用圖解算術。他都用何宜武的「圖解算術」，圖解之後將抽象的數學具體化。之後，他再去找林景元的算術課本，拿裡面的算術習題給我們做。林景元課本裡的算術很困難，我們做不出來時，他會心情不好，罰我們站。我們還是不會，結果老師教到哭出來。有一次他教不下去，哭一哭之後就說下課。我們覺得奇怪，怎麼就下課，學生還鼓掌，下課了就跑去玩去了，他更加傷心。

所以我那時候深深的感想就是教育家是無國界的。以前我爸爸媽媽都說給我們聽，說那時候有日本的老教師，戰後要回去的時候，大家都去送別，由此可見當時那個日本教師對學生教導的用心。我們那時候是中國人教我們，爸爸媽媽是日本人教導，到後來我到德國讀書之後是德國人教我，我感覺在大學裡面，就比較沒有種族的界線，所以教育是無國界的。

說到歷史，我老師在教地理、歷史的時候，他說世界上，尤其中國，最出名的作品都是歷史或地理的書。那時候不覺得如此，讀到初中也沒感覺，讀到高中之後，才發現高中地理和高中的書，文字都很好。尤其我印象最深的就是世界歷史，世界史好像是沈剛伯寫的。

所以那時候楊光武老師帶給我的就是：歷史、地理讓我感覺得到很大的快樂。之後延續到現在，你看我那些世界地理雜誌都不缺［受訪者指著書無上的世界地理雜誌］，我每年都訂，今天才收到繳費收據。

我覺得受益最大的就是小學時候可以接近大自然，四周的環境、社區、小村莊、還是我父母生活的水田，都是我學習的地方，都未脫離過大自然。因為這一點，所以我做臺北縣長的時候推動森林小學，然後用森林小學做模樣、模型，開始推動我們的開放教學，現在三重的集美國小建一所開放教學的學校，大概已經快建好了。開放教學就是三年、四年、五年、六年都一起共同教學，不是以課本為主。不過這樣的開放教學和我們當年的教育來比，我們還比他們徹底。我深深的感覺，教育的本身就是要訓練學生、啟發學生去思考，由自己本身可以接觸到的，由近到遠去思考。如果要給他們很大的想像空間，又能夠擴大心胸，歷史教育和地理教育是最好的。

回到本題就是數學，我覺得從具體到抽象是最好的教育方式。假如一開始就從抽象開始的話，我們幾乎是沒有辦法瞭解；而從具體到抽象以後，就可以學得很好。後來我在讀法律的時候，具體到抽象、抽象到具體，歸納到演繹、演繹到抽象，都能夠運用自如。

記得大學三年級時，有一科Logic理則學，第一個學期一百分，第二學期九十九分。我常常想，可能我一路走來，數學都很好，差不多都是上等，在班上排名差不多都在前面的，我感覺這就是因為從小學開始數學接觸之後，獲得很好教育的緣故。我覺得數學也是可以具體化，和日常生活應該也有關係。譬如讀中學的時候，就是幾何和三角最有趣，因為我覺得幾何和三角很具體化，和生活很有關係。但是像大代數那種的，感覺就是在應付考試，好像在磨練頭腦，沒有那麼大的吸引力。從小學以後我感覺老師給我的印象是這樣。

培養運動的興趣

讀到中學，有幾個老師讓我印象最深，其中一位是潘玉葉老師，《尤清前傳》裡有寫——他的看法是：學生書讀得好不好沒關係，身體健康最重要。因為那時候大家都吃不太飽，早上沒吃早餐就去學校，到了差不多十點，第二、第三節課的時候，便當就已經吃完了，中午就沒飯可以吃，都沒吃飽。

到體育課時，因為是下午，已經是半飢餓狀態，沒什麼體力。每次上體育課，老師不注意，我就躲在大樹下，被他抓到以後，他不罰站，罰我打球，他說：「你現在再讓我看到躲在大樹下，抓到以後要處罰。」後來，他說你根本對運動沒有趣味[興趣]。因為我大姊是運動員，在縣運中學生比賽裡面，她常常都保持記錄，一百、四百、八百的，甚至跳高，她跳的高度比她的身高還高，所以他說：「奇怪，你多兩歲的姊姊，怎麼她體育那麼好，你那麼差？」老師就對我說：「不然你來管球、撿球。」

開始管球之後慢慢就產生興趣。譬如說球要是沒氣，就替每顆球灌得飽飽、硬梆梆的。管球之後，慢慢就稍微喜歡打球。那時候我的印象就是籃球我沒興趣，但是足球我很有興趣，我那時候踢足球都賜後衛，他發覺說踢後衛你都沒機會運動，就要我踢前鋒，踢前鋒是跑的快氣喘了[笑]……。後來才喜歡打棒球。應該我兄弟姊妹裡面我身體最勇[健康]，我人又高大，那時候確實運動充足。

到我讀大學，我還是幫家裡農田操作，都還要下田做事、上山下田。我印象最深是大學一年級暑假，要升上二年級的時候，要跟父母去山上做工，做什麼工？就是那時候是鳳梨山，要疊石頭疊一疊才不會水土流失，把石頭撿一撿，大塊的做基礎，小塊的填補隙縫，泥土撥一撥，下雨天才不會水土流失，再種一些水土保持用的草，不會影響農作物的草，種像梯田那樣的山。夏天可能因為熱到便秘，大便大不出來，我母親用手幫我勾出來，一粒一粒像羊的糞便。我讀小學、中學到大學，到畢業，只要在家裡，我和家裡的人都要去下田上山。

家庭教育：品德的修養

我感覺參加這個家庭的生產工作，讓我養成很節儉的習慣，真的像人家說的「盤中飧，粒粒皆辛苦」，我們吃的每樣東西、食物，都是辛苦農人生產的。我也常常跟我兒子說，不能因為我們現在買的起就浪費，就算是用一塊錢、兩塊錢去買的東西，也要珍惜，因為生產的人從一顆種子一直種到成一粒米，是那麼困難。

還有一點，到現在為止，我很好的習慣就是：不屬於我的東西，一概不拿。像我小學放學之後，小孩子比較頑皮都走在田埂、田間小道上，那時候田中間有種很多水果可以吃，譬如蕃茄、土芭樂，而鄉下種東西也都沒有人在圍籬笆。我同學差不多四、五個，他們會一個人去摘一顆，就在那邊吃，他們叫我去摘，我絕對不去摘，我叫他們不可以去摘，他們不聽，我也沒辦法。但是他們在吃的時候很好吃，都會引誘我，說：「你咬一口。」我絕對不咬，我做到這個程度。

再譬如說鄉下有甘蔗，有一種是能夠吃的黑甘蔗，一種是做糖的原料蔗，我家種的都是原料蔗，原料蔗是小小枝，絲很粗。雖然甜份是相同的，但是吃起來的感覺就是黑甘蔗比較好吃，而拿來做糖的原料蔗很難咬就對了。那時候隔壁園的甘蔗田，同學有時候會去折一枝來吃，我不吃，我寧願吃自己家的原料蔗，不去吃人家的。

從小，因為我父親都不管事，什麼油米柴醋生活瑣事都是母親在管，我母親對孩子都不會打，就算會罵，也不會打過。我母親生很多孩子，生八個孩子，養十個孩子。因為我大姑丈下雨天踩到電線被電死了，剩下我大姑，又因為腎臟病，三十九歲就死了，所以我大姑的孩子都是我母親養的。而我小姑的丈夫是去當日本兵的，遺腹子帶回來，後來又嫁，這孩子也是我母親養；因為我父親是獨子，所以這些親戚的孩子都是我母親撫養。當時孩子一大堆，養豬的小豬也沒有孩子的多。有時候她在煮蕃薯菜的時候，會藏一些蕃薯下去，我們放學的時候，會一個人拿一塊蕃薯來吃，有的沾鹽、有的沾糖，隨便吃。

母親因為事情多，有些事會不注意。譬如說買東西，鄉下那時候也沒在記帳，買東西的時候，就說：「你去買醬油。」她就隨便拿一張鈔票給我們，找錢回來之後，我們很好的習慣就是找回來的錢都不會拿一毛錢。鄉下賣的枝仔冰，好吃的兩角，普通的一角，我們去買醬油、豆醬、雞蛋的時候，看人家在賣枝仔冰，很想吃，我們不會從找的錢裡拿走一角、兩角去買枝仔冰吃。

我感覺這個生活教育，讓我覺得說：不屬於我的，我一毛錢、兩毛錢也不會拿去買枝仔冰。所以生活習慣很好，兄弟姊妹很多，雖然我家裡有很多土地，但也不是很富裕，只是有得吃的程度而已，很節儉是真的。所以從小孩子到現在的生活習慣，大概沒什麼大的改變。

中學教育：培養廣泛的讀書興趣

現在說到中學，初中之後，高中時我曾和施明德在一個私立的中山中學同學過一年，隔壁班，不是同班。

我先說初中畢業之後，我父親正在推動鐵牛［機械化耕作］。因為我是大兒子，他第一個願望就是希望我去做牧師。他叫我去受洗，我想鄉下人也不瞭解聖經、上帝，或什麼福音之類的，我拒絕、反抗。後來他開始努力在推動鐵牛，在臺灣歷史上應該也是要記一筆，他是臺灣第一個推動鐵牛，確實相當有貢獻。

後來他要我去讀屏東農業學校，已經考取了，結果差不多註冊前兩天，再一次說要身體檢查，我去的時候，他用〔日文〕檢查色盲，檢查出來說我辨色力色弱，才通知我說不讓我註冊，之前的招生簡章也沒講，只說獸醫科才不行，我又沒報獸醫科，我是報考農藝科的，結果就沒去念屏東農校。

那時候公立高中招考一次，職業學校招考一次，沒有聯招，私立學校也考過了，那時候私立學校很少，鄉下沒有人讀私立，太貴了。結果學校要開學了，剛好有一所新成立的中山中學在招生，想想沒辦法，就去讀了。那時在那裡讀的學生，各式各樣的都有，其中有一個就是施明德，在那邊和他同學一年。

那時候從我們那裡到大寮去上學很不方便，小火車轉大火車，還要在坐巴士。而且小火車常常接不上大火車，因為都是運甘蔗的小火車，早上第一班車時，鐵路很濕滑，有時候爬坡爬不上，要灑沙在鐵路上，再慢慢上去，所以差不多都來不及趕上大火車……，〔受訪者接聽電話，訪談中斷〕。那時候很不方便。後來改騎腳踏車，一半路程坐火車、一半騎腳踏車，如果遇上下雨天，都淋得濕答答的，因此我母親堅持說：「不然你再回去讀鳳山中學。」所以又回去考鳳山中學。

其實我覺得在私立中山中學所受的高一教育很好，為什麼？譬如有一個英文老師羅郁培，很重視文法，高一就已經將世界書店的《文法大全》教了一半，後來我自己又買那本書，第二次念高一時，就將《文法大全》從第一頁讀到最後一頁，主要的文法規則差不多高一就念完了。高一讀了兩次，最大的收穫就是把《文法大全》讀完了。

第二次又去讀鳳山中學的時候，他們用遠東梁實秋的英文，但是那時候我就不讀那本書了，而讀世界書店出版的英千里的英文，我覺得受益很多，雖然我高一讀兩遍，我覺得有大收穫。

再來就是三角，那時候高一數學就是三角最困難，我第一次讀的時候不會做的題目，剛好我在第二次的時候都做完了。你知道，在鄉下學校讀書時，數學作業都沒做完，只是比較簡單的題目做一做而已，讀鳳山中學的時候，差不多大多數的學生數學題目都沒做完。我的感覺就是，數學的訓練對我以後做事情的邏輯、條理、思考事情的快速，幫助很大，我感覺受益匪淺。

我讀鳳山中學之後，另外讓我獲得很大收穫的是張振文老師，他是早期廈門大學白話文運動的先鋒，很會寫文章，戰後來澎湖馬公中學當校長，他的老師有牽涉到所謂「匪諜案」……，實在那時候很簡單就被當作匪諜，只不過大家交換看魯迅的書而已，也不是什麼大犯罪，學校老師互相傳閱魯迅的書，他也有看，後來老師被抓，校長當然也被抓，校長就沒得做。

他在教我們的時候，很有自由思想，我記得高中一年級到三年級他都做我的導師，以前我們寫週記都只是應付，抄一抄而已，但是他要我們寫的週記，我覺得那好像是一個言論廣場，就像現在年輕人在寫網際網路上的言論廣場一樣，裡面都是奇文可讀，他就盡量訓練我們這樣。不過也常常有學生的週記被他撕掉，要學生重寫，他說：「你這個自己惹麻煩，不行。」

那時候張振文老師給我的印象就是帶給我們更廣闊的文學作品，因為那時候高中都重視文言文，但是他鼓勵我們看小說，每個星期六都有一個集會、週會？班會還是什麼？星期六下午……班會，學生開班會都群聚終日，言不及義，但是學校又規定要開班會，所以他就乾脆……每次班會的時候，就叫三、四個學生起來，說：「你最近看過什麼小說，說給大家聽。」這個作法就增加我們讀小說的趣味，不然如果自己沒時間讀、或是沒興趣讀，也可以聽人家講古。那要說十分鐘很不簡單，給你十分鐘，要將一本書濃縮，那也要相當的講話技巧，所以大家都好像在準備演說一樣。我覺得這樣子最好。

那時候我看一個叫做徐訏的作品，他是香港作家，你們可能不知道，他有一個作品叫《風蕭蕭》，近代、五〇年代的漢文小說裡面，他算很特別，《風蕭蕭》、《江湖行》、《吉普賽誘惑》啦。那時候有很多人愛看無名氏的《北極風情畫》，有沒有？我反倒沒有看，而是徐訏的小說和現代詩通通都看完了。

那時候每個人都興趣不同，我最喜歡看徐訏的作品。施明德最愛看翻譯的小說。翻譯小說我反而不愛看，但是我高中的時候有看過一本《約翰・克理斯多夫》，那時候會看這本小說是一個偶然，因為我一個同學陳主稅讀到高二突然產生興趣去學小提琴，要去考板橋國立藝專，他為什麼要去考藝專？因為有一天他母親叫他拿錢給他舅舅，他舅舅和他太太分居，生活很困苦，在兵仔市〔臺語〕的茶座裡幫人家伴奏，別人唱歌，他彈吉他伴奏，因為鳳山那裡每到禮拜六、禮拜天還是晚上什麼，就有很多兵出來玩，他就伴奏彈吉他，有時候彈吉彈到煩的時候，就拉小提琴。

我同學去找他舅舅，看他舅舅在拉小提琴，很感動，他就說：「舅舅，你教我，我要學小提琴。」從此，他就走這條路，開始要接受樂理教育。因為那時候的音樂教育很差，上音樂課只是唱歌，初一讀到高二用簡譜唱歌而已，樂理也都沒有讀。因為他要開始讀樂理，他說：「清仔，來來來，交響樂的故事、歌劇、還是音樂的一些書，你替我看，說給我聽。」那時候就讀，後來我對古典音樂有興趣，就是從那裡來的。那時候也讀中國石油公司的員工雜誌《拾穗》，裡面有一些交響樂的故事。這本《約翰・克理斯多夫》就是那時候他借給我看的……，這不知道有沒有改過？〔受訪者翻閱新版《約翰・克理斯多夫》〕《約翰・克理斯多夫》說的就是以一個音樂家的眼光來看一九〇〇年前後的社會、經濟、文化，以及社會整個反應。

我那時候不愛看翻譯小說，因為裡面的名字長得不得了，記不得。總之那時候開始看小說，曾看到一本小說叫做《人間的條件》，日本人寫的，去滿州、東北的情形，將人性的痛苦刻劃到極點，生不如死的樣子。我印象最深的就是那時候莊腳〔鄉下〕嘛，有時候要坐火車，學生坐的都是用鐵皮、貨車去改，代用客車那種，只有兩塊版子當椅子，燈光暗暗的。剛好我看《人間的條件》看的入迷，覺得自己好像《人間的條件》裡面的一個角色，在東北的什麼滿鐵路裡面當俘虜的感覺，之後就沒再看了。

那時候也很喜歡踢足球，我踢前鋒，踢的不好，只是好玩。因為學校圖書館在運動場角落，我球踢不中球門，都踢到圖書館書庫裡。那時候誰踢的誰去撿，再遠也要自己撿；田中間、水溝裡也要撿。當時球常常踢到圖書館裡面，就遇到圖書館的一位龔立榮老師，他是中國大陸清華大學英文系畢業，後來他牙齒都沒有了，沒辦法教英文，校長可憐他，就讓他顧［管理］圖書館，他每天都在那裡看書。

我到圖書館撿球時，他說：「壞學生不唸書，天天胡鬧。」我說：「唸唸唸，唸書就輸掉啊，每天唸書、天天輸。」他說：「書這麼多，怎麼沒有書唸？像莎士比亞就很好啊。」因為那時候有老作家叫巴金，他說莎士比亞，我就笑說「沙士比金」［笑］……，他說：「你這個帶回去。」就借我一本莎士比亞的《錯誤的喜劇》，很好笑。就從那開始看，每個星期六都去跟他借一本，斷斷續續。

到現在為止我還有一個習慣，不管到哪裡，就去收集《凱薩大帝》的各種不同註解和版本——我只蒐集《凱薩大帝》而已，其他不蒐集——有七、八種版本，不同的註解。中文版我覺得朱生豪翻譯的、世界書店出的那個版本最好，比梁實秋翻譯的要好，因為原文我稍微有對照過，朱生豪的翻譯不僅不離譜，而且用的文字比較優美，信達雅，比較雅。我在中學那時候感覺很快樂，沒有功課壓力。

政大法律系與文化法研所：寬廣視野的養成

後來考進了法律系。為什麼念法律系？那時候實在最有趣，我進法律系是因為和我父親賭氣。他要我做牧師，我不願意，初一的時候，我說要作律師，那時候初中一年級的學生連什麼叫做律師也不知道在做什麼，不過是這樣脫口而出，就走這一條路。

讀政大的期間，那些法律系課程就不用說了，不過我對政治系的一門政治思想史很有興趣。當時有一個王兆荃老師，他教「英美政治名著選讀」，政治系開的課程，學生不多，十多個學生而已，我也去上課，沒修學分，只是去聽。他在教的時候，就將英文解釋……不是翻譯、是解釋，就是command，叫學生讀一段，他解釋、評述之後才問學生有什麼意見，學生有時候會插嘴。在我做學生的時代，我感覺那種教法很新鮮、有趣，不是單單教英文而已。他叫學生唸一段，之後如果發音錯、還是裡面有重要的關鍵字，他稍微解釋一下，然後就開始評述，也叫學生評述。這樣的教法讓學生想像空間很大，譬如《聖經》人人可以讀，但是要怎麼去解釋？評述？那想像的空間就很大。

還有一件事，當時我反而沒有去聽什麼鄒文海還是朱堅章的政治思想史，完全沒去聽，因為鄒文海的嘴歪一邊，當他嘴歪左邊的時候，學生就全坐那邊，我們外系的學生都佔不到座位。而朱堅章是教夜間部的，晚上我們要到圖書館讀書，所以就沒去聽他的課。

反而從王兆荃的那個科目裡面讓我有了興趣，此後我常常去國外，只要是關於政治思想的書，無論是德文還是英文，我都買，一路收集就是了。

另外有一位教羅馬法的楊玉宏楊教授，我大三上他羅馬法的課，有一天他交通車沒坐到，皮包拿著，又抱了一堆書，我碰到他時就問他：「楊老師，你現在怎麼辦？」他說：「我交通車沒有坐上，只有坐巴士回去。」他住景美，要從木柵到景美，我看他帶的書很多，就幫他拿回去，他說：「你要上課啊。」我說：「等一下沒有課，我幫老師拿回家。」

去他家的時候，他很客氣，竟然留我吃午餐，——那時候學生都對老師很尊敬，也不敢在老師那裡坐太久——，他留我下來之後才問我：「你法律系的課程讀的怎麼樣？」我說：「法律系的課程通通讀完了，差不多都讀過一遍了。」因為那時候要參加檢定考試，我讀了一年半通通讀完了，感覺那沒什麼好讀的。

後來我去德國海德堡唸書才知道是因為老師教法不對，都只是一些概念解釋，而沒有實務問題的演練。後來我去政大、文化教法律課程時，我就叫他們用實際的問題來演練，case study。

我在政大唸書時都沒有這樣教，以致於我沒有興趣，因此，我跟楊教授說：「我想法律系讀兩年就夠了，三年級時想要轉到政治系去。」他說：「你不要轉系嘛，法律系有很多的思想的課程蠻好的。」因為要是只研究一些制度，會很枯燥無味，但是，如果對於制度的背景、法律的教條、條文以外的背景，以及它們的演變能夠解釋、演繹，也是很有趣的事情。

所以慢慢走來之後，我變成對法社會學很有興趣，而且後來也上他的課，就是羅馬法跟法理學。大學畢業之後，因為我們政大那時候沒有法律研究所，後來楊老師講，他在文化學院教研究所，可以來念，所以後來就去考。

但是我畢業那一年我爸爸去世，我就必須去找工作，找到一個銀行的工作。那時候讀研究所大概只有文化學院可以兼差，其他的大概都要求專職，學生要……怎麼講……——（問：就是不能兼差工作。）——對，很難啦，因為學生白天要上課。那麼就這樣子一路走來……。

不過有一點就是，在政大的法律係課程裡面，法律的教條以外都沒什麼教到。我覺得要瞭解法律的教條不是很難，但是其他的方面，譬如說法律要實用、要做臨床的、要做practice，實在不太容易。而且，要想知道法律的背景；以及產生法律之前，為什麼會產生這些法律？要瞭解這些，實在要很大的學問。

我覺得大學裡面讓我受益最多的是一位Friedman，Friedman的*Legal Theory*——好像後來法務部有翻譯，《法的理論》——我從楊老師那邊借來，念了好幾遍，從第一頁讀到最後一頁。那時候也沒有什麼影印，還用活頁紙摘要出來。還讀過一個義大利法學家叫做Del Vichio的正義理論，那是老師讓我讀的，大三唸，不是以後讀研究所念的，當時我把他翻譯以後去投稿，竟然也登出來了。

後來我覺得說讀法律最重要的還是justice、正義理論，所以，以後我有機會出國時，不論是德文、英文，只要是有關正義理論的，我大概都會買回來，有些有念、有些沒有念，買了一大堆。那本書應該我這還有，等一下我再拿給你。

Friedman那本書的法律理論裡面有介紹到自然法，就是戰前、戰後的自然法思想，所以

Radbruch是我從英文裡面看到的，我想說世界上還有這麼正義感的人，不怕暴政、不怕威脅，於是我將我個人的正義感和不怕犧牲的精神投射到Radbruch身上。

而且，雖然楊老師那時候教羅馬法，但實在是在教西洋法律思想史，他一直提到海德堡。因為海德堡有六百多年的歷史，大概差不多十五、十六世紀的時候，它[海德堡]的法學家就已經很出名，裡面有幾個我書裡面有提到。德國當時就延續這種傳承，思想一代傳一代的傳承，所以海德堡能夠變成德國的法學重鎮，有它的條件。那個不是像俾斯麥說拿五百億給柏林大學，它就會突然發展起來；有一些是沒有辦法來promote、來推進的。

後來政大畢業的時候，畢業典禮我父親來參加，他問我：「現在畢業了，你有什麼願望沒有？」我說：「我想去德國讀法律。」他說：「簡單啊，你們兄弟姊妹每個人可以分三分地，賣三分地你就可以去德國讀書了。」三分地是香蕉園，那時候三分地香蕉園的價值在木柵可以買大概一甲地。因為香蕉那時候價錢很好，我們收割一串香蕉可以賣一百塊，而註冊費才一百五十塊，在學校吃飯才一百八十塊而已。他說：「香蕉園，兄弟姊妹，男女平等，一人三分地，賣三分地你就可以去德國讀書了。」沒想到，哇，我爸爸八月中秋就因為心肌梗塞，突然意外死掉了。他死了就不能講要出國了，兄弟姊妹大家不能講要去唸書啊，不過我要去海德堡的願望還是存在。

海德堡大學：對納粹軍事審判、法律史與公共政策的研究

後來我考取了德國送的、教育部考的D.A.A.D獎學金，然後就到德國留學，當然我到海德堡。那段時間就是跟我的老師Adolf Laus，後來他也通過教授會選被選上校長。我到的時候Radbruch早就死了，拜不到老師，拜他的學生也不錯。

海德堡對我的衝擊很大，我進入海德堡大學後，決定既然要做法律人，就應該接觸每一個法律領域。第一年，我除了民法、法律史外還上憲法、刑法及公司法課程，更發現德國的社會福利制度非常值得學習，於是又選了Laufs老師有關醫學、藥物與法律的研討課程。我的博士論文題目是「侵害醫學秘密情況下-人格權的民法保護」，除了鎖定「人格權保障」外，我更加上了「醫學秘密」這個社會醫療保險問題，後來我論文中申論的觀點還曾經被Laufs老師多次在著作中提起。

此外還有兩點對我受益最多，就是我參加一個關於納粹時代軍法審判的歷史、辯護跟背景思想的法律史課程，我覺得那個課程讓我受益不淺。第二個就是除了正常課程之外，還研究了社會法、政黨法、建設法。

因為在海德堡要拿博士至少需四個條件，第一參加討論課，第二要考三個學科考試，第三要寫博士論文，第四參加口試，口試的時候不是問論文，因為論文有兩個教授已經評論過了，就是問一般的法律課程，所以那時候法律課程都要去接觸。接觸的時候，給我感受最深的是三

個法典，一個是社會法，另一個是政黨法，德國的政黨法是世界上第一個而且是範本，到現在為止，雖然社會法我停掉了，我還是繼續研究政黨法。第三個就是建設法跟國土規劃法，就是建設計畫跟國土規劃，雖然是兩個法律，但是是一個系統。

除了專門科目之外，就是這三個法給我印象最深刻：社會法、政黨法，第三就是建設法。我覺得一個國家能夠建設很漂亮，建設法跟計畫法最重要。我本來在很多學校有課，文化還有政大地政研究所兼課，還有臺大醫學院一學期一次七十分鐘的課。軍法大審之後這幾個學校都把我的課停掉。而政大因為因為跟德國波昂大學有合作，需要懂德文的幫忙，所以就把課程留下來……〔錄影帶換帶，訪談中斷〕。

平民法律服務與司法改革

接下來請您談一談，在律師執業過程裡面，您對當時司法界的觀察跟思考。

那個時候我作律師的時間大概不到三年，只有兩年多。在兩年多的時間裡面，我參加平民法律服務。平民法律服務是比較法學會的一個機構，是陳繼盛、姚嘉文、林義雄、張政雄這些核心律師組織的，已經成立很久了，我留德回來以後才參加，之後才跟他們有接觸。

因為那時候的平民法律服務不像現在這麼普遍，我知道他們在做的就是要讓很多有委屈的人能夠得到法律的保障、權利的保護，因此我很有興趣參加，每個禮拜輪流一次做法律顧問，這是第一項。第二項就是我去法院出庭，說起來法官、檢察官都很盡責、很客氣，最重要的是，一般人都說審判不公平，但是我還沒什麼感覺。但是那時候確實知道很多人沒錢請律師，也沒法律知識，不知道要怎麼保護自己權利；後來我當縣長之後，就大量聘請平民法律服務去各鄉鎮，每個星期六的九點到十一點為民服務，做的很徹底。

後來陳傳億和林永頌他們在推動民間的司法改革，最近他們的資料出來，我看了以後，覺得他們做的很對；對法官來打分數，對法庭整個的改造。早期律師坐下面，檢察官坐在上面，不對等也不平等，現在都改過來了。

我記得當時修改刑事訴訟法的法案時，朱高正強烈的主張，我跟朱高正說：「你這很大的貢獻，這很大的貢獻。」現在最大的問題就是軍法審判，尤其是政治案件的軍法審判，都是政治審判。

關於法院有「歪哥」、有「紅包」〔收賄〕來扭曲正義，這要怎麼來防弊，不是短期內就可以達成的，最好的辦法就是現在民間的司法改革會，用律師、用社會來監督司法，這是最好的。當然也會遇到一些臉皮厚的法官、檢察官，他們死不悔改，這是少數啦。我看大多數的時候是千夫所指，大家指指點點，應該不敢隨便違反正義。

對高雄事件審判的初步分析

現在接下去……，二、軍法大審前[1]……。我們律師團在民國六十八年的十二月抓人之後就開始運作，差不多每個禮拜的禮拜一到禮拜五晚上都有一次會議，必要的時候連禮拜六、禮拜天也都集會。

集會時最主要的討論是兩件事情，首先就是相關的法律，也就是說，這個叛亂罪可能起訴的幾項罪，譬如妨礙秩序罪等，對這類的罪做分析。再來就是我們那時候對於司法審判與軍法審判都做準備，刑事訴訟法、軍事審判法都做研究。

同時，還沒去軍法登錄的人，趕快去辦登錄，準備要跟他們鬥就對了。那時候我們在登錄，他們[情治單位]都很注意，有監督，從那時候參加軍法大審、做監察委員、立法委員到縣長，到我縣長卸任，可能電話都被竊聽、錄音，現在不知道還有沒有，無所謂啦，反正我就是透明，也不做傷天害理、違法犯紀的案件，我也不怕，你要怎麼樣就怎麼樣……。第二個重點是什麼？

---

1 訪談題綱的第二項主題：軍法大審前的準備。

身披法律外衣的政治迫害：軍法大審

第二個就是說那時候他們八個人依叛亂罪送軍法起訴……

美麗島高雄事件之後，抓很多人。他們被抓之後，我們有模擬過，因為憲法規定人民不受軍法審判，所以我們比較傾向認為，抓這麼多人會變成司法審判，那時候並沒有樂觀到最後大家都會被釋放，當時研判可能會司法審判，也有可能一部份軍法審判、一部份是司法的審判。各種的形式、各種的方法我們都模擬過。

依你當時的觀察，你有沒有請想說為什麼是這八個人被國民黨挑出來做首謀，來送軍法？

那時候他要挑哪一個人？我們沒辦法預測，比如說像林弘宣，我們怎麼想也沒想到林弘宣、陳菊會送軍法。陳菊她上次……有一次要抓她一遍沒被抓到，躲在彰化埔心的天主教堂。像林弘宣那時候都完全沒出現……，怎麼會抓他，這是很奇怪的事情。所以那時候抓他之後，很多人覺得很意外，林弘宣怎麼會交軍法審判？

後來他們在推測認為這是要對長老教會和神學院的一個警告，因為林弘宣被抓就覺得很奇怪。由此可知，要怎麼樣都是用國民黨的政治考量來分類的，譬如要抓、不抓？抓去之後軍法審判還是司法審判？都是國民黨在操縱的。

秘密調查庭

我想題綱二之三這個問題上次有講過。

秘密調查庭就是起訴之後的當天，——報紙是隔天才報的——起訴當天，我們在遴選任辯護人的委任狀，已經被選任做辯護人了，他開庭應該要通知我們，都沒有通知。後來我們在法庭抗議：我們已經被選任做為辯護人，你們怎麼沒有通知我們到庭？他說是做「人別詢問」，沒做實質詢問。其實是有做實質訊問，譬如那時候的檢察官林輝煌，他問張俊宏有沒有叛亂意圖？這已經是實質的詢問，不是「人別詢問」。這些我們都有跟他抗議。

抗議之後他們是馬上改做……？

抗議之後……。他實際上已經都問過一遍了，甚至我們在閱卷的時候，他也是一個一個拖出來問。比如說他在問邱垂貞的時候……那時候邱垂貞還沒有起訴，後來他移送司法，還沒起訴時，叫他出來問，我們跟他說這是同一案件，雖然不是我們的委任人，我們也要求到庭。後來有一部份我們擠得上的就擠上去，趕得上的我們就去參加辯護。

再來就是調查庭改做公開之後，審判長在法庭上的表現是不是完全就是調查證據？

你有看報紙，你要是有報紙，最好能夠影印一份給我，我報紙都沒有保留了。裡面最重要就是有一個軍事審判庭的受任推事，姓郭，名字我不太記得。

郭同奇？

可能是，姓郭，瘦瘦的。他在調查證據的時候，常常會問被告說：「難道你沒有錯嗎？」「難道你這樣應該嗎？」我就站起來跟他說：「今天是調查證據、調查庭，你通知我是調查庭，除了調查證據以外，你可以對本案的罪責做論斷和評論嗎？」他說：「難道我沒有權力？」我說：「你就沒有權力。」我站在哪裡罵。

他們軍事審判官本身可能對軍事審判法的條文很瞭解，但是對那個制度，對調查庭、辯護庭，調查證據……等等，可能不清楚。那時候還沒有開合議庭，還不是五個法官出來，是一個而已。他應該只是調查證據，既然調查證據你就純粹調查證據，調查清楚這樣而已，怎麼可以在這個時候做罪責的論斷。哈哈一下竟然昏了頭，說：「難道我有錯嗎？」我說：「你就是錯。」哈一下，整個都昏頭了。

實在那時候我們十五個律師的陣容，壓過那五個審判官的陣容。那五個聽說是那時候警總軍事審判庭裡面最優秀的法官，包括蔡藤雄……〔受訪者接聽電話，訪問中斷〕，……那時候審判庭也好、檢察官也好，他們都充分準備，而我們這十五個律師也毫不示弱，因為我們也充分準備；他們也知道我們晚上都在陳繼盛律師事務所集會。

後來起訴、委任之後，對外的形式的窗口是尤清律師事務所，因為所有資料拿到以後，都在這裡分發。那時候做這個作業的幕僚長是尤宏，你可以叫尤宏再告訴你一些那時候的點滴，因為你都只訪問這十五個律師，不知道那裡面的點點滴滴，你可以訪問藍美津和尤宏，他們兩個感受最深刻，你去跟他約一個時間，看是去找他、還是他有上來臺北的時候你訪問他一下，他最清楚。

林宅血案的震撼

再來就是在二月二十八日那天的調查庭，就是後來發生……

二月二十八日那天，我們差不多到中午的時候，因為那時候我們法庭正在進行，他們不敢告訴我們，中間稍微有休息的時候，他們告訴我們，之後我們就全部退庭，我們抗議說：對被告的家屬跟律師沒有安全保障之前，我們全部拒絕辯護。

所以那天只有早上開庭而已？

早上開庭而已。下午以後，他們還硬要開庭，他們說：「好啊，你們自動退庭，我們照常開庭。」那時候遇到這個問題我們也很為難，到底要退還是不退？後來我們決定退庭，他們也不敢開庭。

那天是不是晚上的時候林義雄先生他就交保出來了？後來他有到醫院去，那段過程不知道你有沒有……？

他交保出來以後到醫院，到長庚醫院喔？到醫院那段時間，都是他的律師來處理，因為那時候他有兩個律師：江鵬堅和張政雄，由他們兩個人來處理這個事情，我們沒有插手。

因為林宅血案到目前為止，都一直沒有說很完整的一個釐清……

關於林宅血案，包括整個林義雄的交保過程等等，都是江鵬堅和張政雄負責。後來江鵬堅做監察委員時又調查這個案子。這個部分可以問他們比較清楚。

我們知道林宅血案那個時候發生也是對社會上產生一個很大的影響，等於說反對運動不管說他的本意是怎麼樣，但是去涉及到運動者的家屬、家人，甚至去傷害他，讓他造成這樣子的一個……

林宅血案之後有一個最重大的轉變，就是軍事審判庭面對律師的強烈攻擊防禦過程當中，他們稍微有點手足無措，他們完全沒想到，因為林宅血案更讓這些律師拼命，我們想說：好，國民黨你用那麼毒辣的手段，我們也不怕死，要和你拼命。那時候同仇敵愾，讓我們這些律師都來拼生死，反正無所謂，一條命拼下去，每個人都有決心跟勇氣：好，我們一定盡一切能力，不怕死要和你拼到底。因為我們在法庭這樣強力的攻擊、防禦，對抗他們，讓國民黨尤其是軍事審判庭都招架不住，一有什麼事情他們「砰砰叫」［大呼小叫］，我們也「砰砰叫」，甚至叫憲兵抓我們出去，我說：「好啊，來抓啊，大家來拼。」那時候完全都沒有在怕他們。

法庭對刑求問題的搪塞

在那時候法庭上辯護的時候，有什麼比較印象深刻比較大的困難？

當時包括李慶榮案、高俊明的案，軍法和司法的本案，我們要是一講到有刑求的時候，他們都用一些調查局自己來函的公文搪塞，我們要是說刑求，他就說他調查清楚了，公文馬上拿出來。

其實他們在裡面吃鹽水飯、坐冰塊、不讓他們睡覺，這些差不多所有被抓的，軍法和司法審判的人通通有遇到，你可以問一下被告就知道，他們都有被刑求的。像紀萬生被打的要死，林義雄被打的要死⋯⋯。你可以問林義雄，應該你要訪問幾個⋯⋯──（問：有，那些都有訪問。）──⋯⋯訪問幾個被告你的紀錄才會完整。

我們每次向軍事法庭講的時候，他們就說沒這回事，沒刑求啦，沒逼供。

根據我們看到的資料，有時候發生說律師方面要提什麼證人，或者是要提訊證人或證據的時候，法官就會說本庭自會斟酌。

對對對，都說這樣嘛，就不了了之。

與鄭勝助、郭吉仁的搭配

您當時與鄭勝助律師搭配為施明德辯護，以及郭吉仁律師搭配為張俊宏辯護。請問在辯護工作及辯護策略上，是否有所分工？

我和鄭勝助搭配是為施明德辯護，跟郭吉仁搭配是為張俊宏。後來鄭勝助和郭吉仁都變成我很好的伙伴。像我作縣長的時候，鄭勝助就當我縣的選舉委員會的委員，後來民進黨推薦他去做中央選舉委員會的委員；而郭吉仁來做我們的勞工局局長。為了這個辯護變成終生的兄弟朋友，我和他們配合的非常好。

我和他們搭配的時候，因為他們都很細密，所以每一個被起訴的事實、證據和理由部分，他都針對那些來講、來攻守防禦。而我是說一些比較大方向的，因為我一個人辯護兩個人，細的部分鄭勝助和郭吉仁都已經瞭解很深刻，我不要在辯護方面和他們重疊。

那時候郭吉仁給我的感覺就是這個人很有憐憫之心，他在法庭的時候，聽到感動的都會哭。當時鄭勝助坐在我的右手邊第一位，我坐第二，郭吉仁坐第三位。律師分兩排坐，對面那邊是陳水扁、蘇貞昌和謝長廷。郭吉仁常常聽到感動的時候都一直哭，我都忍到最後才哭，因為我想，要幫人家辯護，好像做醫生一樣，母親抱小孩來，小孩、母親在哭，如果醫生跟著哭，那怎麼開刀、怎麼用藥？不過當時整個法庭過程實在很感人，現在回憶起來還是很感人，連法官、書記官……有的女書記官，連站的憲兵、衛兵都看的流眼淚，那是很感人的，一場很感人的哭成一團的辯護。那一場辯護實在是我所遇到過最感人的，包括電影也沒這樣的情節。

我和鄭勝助搭配印象最深刻的，就是軍法審判以後要提覆判。因為施明德早期是無期徒刑，假釋出來以後他要再犯，一般都是會再判無期徒刑，果然他被判無期徒刑。要幫他提覆判的時候，怕萬一改判死刑的話，會成為我和鄭勝助兩個人終生心中永遠的痛。我們聲請覆判狀都寫好了，——那時候我沒有車，我做律師都坐計程車——鄭勝助載我，我們到景美覆判庭四周一直繞，那裡也難停車，路都很小條，他就在那邊慢慢繞，想說：到底要不要進去？我們兩個一直討論，鄭勝助比較傾向乾脆不要提覆判，萬一覆判死刑，那是我們兩個心中永遠的痛，尤其我和施明德又同學過，有一段情，我更難下決定。

他說不要提覆判的時候，我整個人竟然軟弱了，我本來是說一定要提覆判，要爭到底，這個是無罪，或者妨礙秩序罪，最多是違警罰法，連三次要求解散而不解散的妨礙秩序罪都不成立。他這個人比較深謀遠算，他說要是提出去改判死刑，我們永遠終生的痛。在這個時候有在考慮這個問題，考慮一而再、再而三的結果就是共同提出覆判聲請狀，但不單獨為施明德另提覆判理由狀。

質疑自白的證據價值

再來就是我們根據那時候的《中國時報》，他報導說你曾經代表所有的律師提出七個建議，要求審判長給被告、辯護人更多發言機會，優先考慮調查證據這些的？

是啊，因為我們隨著法庭開庭，律師事先前一晚沒辦法討論，我們不知道對方策略怎麼樣？只能當庭在休息的時候大家商量好，趕緊用最快速度提出來，那都是在當庭提出來的。

那裡面最主要就是自白的任意性，因為法官都用自白書來定罪。依法，有了自白還要再調查其他事實，如果自白是真實的，才有證據力、證據價值。而被告的自白只有證據能力，但是沒有證據力、沒有證據價值，所以證據能力和證據價值要分清楚，大體上是這樣。所以我們攻擊他，現在審判的時候他說你自白講的，但是白白沒任意性，強制之下的自白沒有證據價值、沒有證據力。

充滿政治意味的大逮捕

對那時候法庭的情形來看，可不可以猜測說當時警總軍法處還是說國民黨他對本案的一個企圖還是說他們的目標是什麼？

國民黨的目標就是他們這些人軍事審判，已經分出來了，分成軍事審判的、司法審判的。他們被抓到那裡，要分成這兩類，已經很清楚了，就像分成內科、外科、小兒科一樣，都分出來了。所以那時候他們準備這八個被告，就是要大宰，我們就感覺出來了。

因為事實上那時候他們也抓到邱奕彬，不過邱奕彬——（答：他咬舌頭。）——對，但是邱奕彬在高雄事件他根本沒有下去，可是他也被捕——（答：他是司法……）——對，他是司法部分的，所以從邱奕彬的例子可以看出說國民黨那時候抓人根本不是用高雄事件……？

那時候高雄事件有的有去的人，沒抓，在場的沒抓，有的沒去的反而被抓，邱奕彬是一個例子，其他沒有，只有邱奕彬。可見那時完全是要抓政治，抓政治的反對者。

巧妙運用報業競爭，炒熱新聞

審判過程中，因為媒體對審判過程報導的很詳細，是不是當時律師方面或者家屬也因為這樣子的報導抱持著一點點比較樂觀的……？

那時候對於報紙，因為我知道《中國時報》跟《聯合報》有競爭的壓力跟矛盾，所以我稍微運用這樣的關係，就是消息有時候獨家給《中國時報》，有時候獨家給《聯合報》。

最具體的就是那時候沒訪問我而先寫的是南方朔，他本名叫做王杏慶，那時候好像是政治方面最重要的記者。當時他寫辯護律師，說呂傳勝是家屬，尤清是被告。這是他錯誤的消息，可能國民黨說我是美麗島雜誌裡面的作者，所以我是被告，後來變成辯護律師，可能那時候警總的逮捕範圍有包括到我，但是我就沒去高雄，不過是寫文章而已，如果連寫文章都被抓的話，就變成文字獄了，假使那一天我也有去高雄，一定抓我的，只要我去在場旁觀就一定抓我，不過那天我還在臺北上課，所以沒有抓我的理由。

王杏慶寫那個之後，我跟他抗議，我說這樣不行，你不可以隨便說，我不是被告，我是律師。可能他寫稿子時聽到的消息是我會變成被告，實際上不是。我跟他抗議之後，他有一點覺得……王杏慶這個人他還蠻有羞恥心的，有正義感人又害羞的人，就是有感覺對不住，抱歉、歉意就對了，他是懂得歉意的人，也是有正義感的人，這種人還蠻不錯的。所以之後他有心才來平衡報導，他說：「好啦，再跟你平衡報導一下。」那時候我很兇，大家都怕我，我那時候是什麼文章都敢寫的人，我哪裡會怕你王杏慶錯誤報導。

另外，那時候黃年跟鍾榮吉都還沒當到採訪主任，爭著要做採訪主任，聯合報的。當時黃年來採訪我，他認為說這是獨家——後來黃年的第一本著作，他的訪問裡面有登跟我的對談——，之後《中國時報》又平衡報導，那時候都還沒開始公開審判，剛剛起訴，中國時報與聯合報兩邊就已經絞盡了，絞盡以後炒熱了新聞，新聞炒熱以後，我要是有什麼消息就給《自立晚報》或《臺灣時報》——後來還有一個《民眾日報》——當時要是想要有什麼比較獨家的消息，他們都要找我，我就稍微點一下、點一下，後來他們好像都炒熱，好像點火點一下點一下之後……點火點起來，變成他們這些媒體之戰。

所以我覺得在軍事審判裡面，應該這是我的重要貢獻。當然他們報紙的政策決定要怎麼處理，那是他們的事情，至少媒體在那時候說起來是報導的很詳盡。

所以媒體那時候的報導多少也給國民黨方面有一些壓力？

這個報導之後，民眾大概都很熱衷，差不多那時候的報紙都很好賣，差不多去報攤都買不到；兩大報以及《民眾日報》、《臺灣時報》跟《自立晚報》差不多都買不到，報攤都差不多你早上一下子就都賣完了。

可見那對國民黨來說是很大的壓力，在這樣大的壓力之下，公開審判之後，我們的律師又那麼強勢，他很困難說要怎麼樣就怎麼樣，不敢為所欲為。但是最後判刑也是判的那麼重。

國際人權組織的注意

審判過程裡面，就你所知美國在臺協會跟國際人權組織對……

當時美國在臺會不敢公開任何的動作，但是美國一些人權組織的人要來的時候，可能入境、出境的一些安全事情，美國在臺協會有出面幫助。當時國際人權組織裡面有一派一個Prof. Kaplan來，史丹福大學的，那是張富美安排的，你可以去訪問張富美，現在在做監察委員的張富美，你問她美國人權組織要如何來臺灣？從臺灣回去之後他發表那本書，內容大概是說什麼？你問張富美，張富美跟他合作過。

就你所知，那時候這些組織跟被捕的家屬他們……？

國際人權組織是美國的，另外國際特赦組織是派一個香港大學的高級講師來，澳洲人，你看報紙就知道，大概這兩個最重要。國際特赦的report我沒看到，但是Kaplan的書我有看過，等一下我能夠找出來給你看。在那個前後還有一個Clark，他曾經做過甘迺迪時代的法務部長……

［受訪者接聽電話，訪談中斷。］……

當時美國法曹協會來臺灣開會，Clark跟Kaplan要來的消息都是透過一個叫Von der Wiese的荷蘭人——現在是*Taiwan communique*臺灣公報英文版的發行、著作，一個荷蘭人，他太太叫做鄭美津，一個板橋女孩子。Von der Wiese對臺灣的人權很關心，現在在荷蘭駐美國大使館做經濟參事，他對臺灣很關心，還在出*Taiwan communique*，臺灣公報。當時他都說德文跟我通這個消息，才讓律師團知道，那時候說英文都會被竊聽，他說德文，那時候我剛剛從德國回來，德文說的很流利；有一次到圓山飯店，和一個德國派臺的辦事處主任用德文對話，和張政雄一起坐電梯，他說：「喔，你們說話棒棒叫［形容像連珠砲］一直去。」所以那時候我看他們要竊聽可能要很仔細聽才會清楚，要很認真去分析。

我們有在那時候的報紙看到耿雲卿他在宣判之前，就發表文章……？

我們跟他抗議，叫法庭禁止他，因為在還沒審判之前，不能寫文章來定罪。定罪要在有陪審團的法庭才可以——美國有陪審團，德國有參審團——我們可以要求法庭用藐視法庭罪定他，禁止他發言，可以拘捕他，藐視法庭。因為還沒有審判，你怎麼可以替法庭審判。

施明德的發言

整個軍法大審下來，可不可以視為說國民黨想要整個封鎖他們當時的言論主張，自決的主張，所以用判罪的方式來說明他們這種主張是錯誤的？

他們那時候政治主張最銳利的是施明德，施明德在法庭的辯論裡面有一些國際法的論點，在那時候看來，是國民黨以外的最大的聲音，這是施明德一貫的作風，他都有驚人之語，譬如他說中華民國早就獨立了，和他現在說的差不多是一致，用語不同而已。

政治人物裡面，施明德是用政治語言配合社會語言最恰當的人。當時他說：「我本來就是要顛覆政府，美國四年選總統一次，就是顛覆政府一次。」因為那個事情，後來有一個王律師，要跟我辯論說人民有沒有顛覆政府的權力。其實非法顛覆政府不行，但是可以合法顛覆政府。起訴書裡面說的是非法顛覆政府，非法改變國體。但是我可以改變國體、我可以顛覆政府，我可以用合法的手段顛覆政府，那是當然的道理，但是用簡單的話大家覺得說很新奇很刺激。

人權保障要從政治改革做起

在那時候你如道整個審判結果之後，可不可以談談你當時的感想？

對啦。當時審判之後有一個雜誌曾寫過，我是覺得讓我們有一個很大的挫折感。報紙報的那麼詳盡，社會反應那麼支持被告跟我們的辯護，如果按照陪審團、參審團的制度，應該一定無罪，但是為什麼又定罪？我們有很大的挫折感，之後覺得說在法庭不論軍事審判還是司法審判——只有在那裡爭取正義是沒用的，應該推動整個民主改革，建立民主制度才是基本。

我常常在說自由民主的基本秩序是建立在一個開放言論自由、三權分立、多黨政治，在這些制度之下，才有可能建立民主，民主跟自由不是建立在口號、還是抽象的原則之上，而是要建立這樣的原則、互相的配合，跟整個社會力量的結合。雖然當時我們有足夠的社會力量，但是還是沒有辦法。

這個案子結束之後，我很感慨，有一次康寧祥約我在中國飯店喝咖啡，我跟他說：「只是一直參選，個別候選人參選，參選之後大家不滿，再來一次暴動，之後再來抓人、再來軍事審判、叛亂罪，大家哭哭啼啼，歷史常常在重演，這樣臺灣怎麼會有前途？」我常常跟他說：「歐洲像葡萄牙、希臘等威權統治到民主的轉型，那轉型的過程差不多臺灣都會遇到，我們與其以後來流血，還是以後流淚，不如現在我們努力來走組黨這條路。」

經過幾天之後，康寧祥就帶林世煜和林濁水來我律師事務所找我，說是不是要從法社會學觀點來探討。他們的觀點是說，因為我們都移植，移植一些外國的制度，實際上我們本身的社會沒有那個條件，所以會排斥嘛；還是我們本身統治者的制度那個器官跟另外一個組織器官都已經有互相排斥，所以會不成功。

因此，那時候就約好，在我律師事務所的時候，我跟他說：「隔壁那間都蒐集資料。」我開給他們看。我重要的東西都拿來放在這裡，那時候就開始做分類了……我現在有的拿回家，有的拿到律師事務所。那時候開始就做這種政策研究。我那時候提出政策研究，他們要做法社會學研究。沒多久，林世煜跟林濁水竟離開康寧祥，就不了了之。後來林濁水來參加我們的《博觀》雜誌，專門做政黨研究。

軍法大審嚴重違法

姑且不論當時的政治考量，純就法律的觀點來看整個軍法大審的審判他比較嚴重的地方，可不可以請您描述一下？

違法的地方，從一開始軍事偵查的時候，他都用警總、調查局的硬逼供，那時候軍事檢察官變成橡皮圖章，軍事檢察官無論是蔡藤雄還是林輝煌都身不由己，當然根據他們做好的資料、劇本來提出起訴書。

還有那五個審判官，本來他們是被選出來最優秀的。依我看起來，他們後來寫出來的判決書都是沿用以前的模式，不過是因為被告和十五個律師的辯護意旨寫很多了，所以那時候他們就要把我們提出來的論點——准駁，就是贊成和反對。

覆判庭比軍事法庭、軍事審判庭更徹底，所謂更徹底就是說將我們正反的意見，他們都幫我們一條一條來准駁，所以那時候那兩本判決書就能夠看出我們的辯護狀，但是我們辯護狀寫那麼多，他們都斷章取義取一小部分而已。應該要將我們那時候的辯護意旨書和辯護狀累積起來，做一個排比就知道了。確實他們軍事審判庭遭到我們前所未有的挑戰，空前絕後的挑戰。

對於臺灣的法制史方面，假如要做case study，你們做這個案是最好的一個case study，不過你們好像都從事於政治面和社會面的研究，沒有從法文獻……人家說legal document的分析，應該法文獻的價值也很大。我看後來他們出的文章都太草率。你可以去拿《臺灣時報》，《臺灣時報》登的資料好像比較詳盡，我替施明德的辯護狀也是《臺灣時報》有登出來，總共五個狀，裡面最後的兩個狀有登出來。

司法審判，家屬的心情

因為司法審判剛剛也是多多少少有提到，我想最主要就是司法審判的準備過程跟軍法比較起來有什麼分別？

司法審判在軍法審判之後才開始。開始進行的時候，我那時候又加了兩個案件，就是藏匿施明德案的高俊明、張溫鷹，司法審判前後又有李慶榮的案。司法審判的時候，我曾想是不是讓另外一批律師來辦？但是邀不到人，那時候被告太多，三十、三十一個，至少也要三十一個律師，但是那時候律師難找。後來我有邀到林明華律師來辦。在邀人的時候，我跟他們說是不是換班？他們不要，他說他辦這個案，親戚朋友反對得很，我不辦他也不辦，所以那時候後來我又接辦。

被告裡面有一個作家叫做楊青矗和一個被修理的吳振明，還有一個工友叫做陳福來，他們父親都來找我。尤其是陳福來的父親，他是在高雄賣蚵仔麵線的，他說：「你都看不起我們這種擺攤販的，我的兒子變成沒有人要辯護，我們是『小尾』〔名不見經傳的人〕的，你們都要辦『大尾』〔較有知名度的人〕的，『小尾』的不要辦。」我聽了心裡很難過。

我那時候筋疲力盡，應該要轉換一個方向，而且那段期間將近半年律師業務都不接，也想說律師要好好做才能生活。那時候他說那個話之後，我很難過，再加上楊青矗的太太和他弟弟來找我，我覺得他們孤苦無助，內心的感觸很深，尤其是陳福來的父親在賣蚵仔麵線，講話說：「你看我們攤販……」實在是說……一個老伯邊說邊流眼淚，「我兒子就沒有用，不過我覺得很高興，就是說他參加跟國民黨對抗的……，我兒子這樣，我生這個兒子就甘願了。」他又說：「難道臺灣都沒有人了，國民黨都不怕任何人，天公也不怕，無法無天。」這樣，講一些很鄉野、很粗俗、很感人的話，讓我印象最深是那位。

這些家屬裡面，除了那個，印象最深還有張溫鷹她母親，張溫鷹母親也是做生意的，晚上十點關店門後，才從臺中自己開車，一個阿婆開車，開一臺柴油車來找我，我看她可憐，我說「阿婆，妳半夜又開車回去，萬一妳發生事情……，妳乾脆住在這裡。」我那時候不住在這裡，住在青田街，我丈人的房子借我的，我夫妻住一間，我兩個孩子一人住一間，半夜的時候，我將小的孩子——那時候讀小學——抱到另一間，讓張溫鷹母親住，我說：「妳天亮再回去。」

那時候張溫鷹要叫我辯護的時候，我說：「我幫人家辯護那麼多個，都辦壞了。」我的感覺是辦壞了，不然施明德怎麼會有罪。她就說她去抽籤，說要讓屬馬的辯護，我說：「我幫妳找一個屬馬的幫妳辯護，不然我接妳的，又接高俊明的，兩個人，我會耽誤到人家。」後來我才拉鄭勝助一起辯護，我說他也是屬馬的。後來問鄭勝助，他說他屬蛇。她反正就硬纏住我，一個案子一直辦一直……

我好像辯護十幾個，包括李慶榮、張溫鷹、高俊明還有施明德、張俊宏就五個，另外辯護五個，實在是超量了。到最後又有一個吳振明說被人打到流血，他太太懷孕很多個月了，也來找我，說：「我們吳振明都沒人幫他辯護，是不是你幫我們辯護。」我側隱之心，她說搞不好在還沒判決就生小孩了，最後一次開庭她好像就去生了。

所以那個情形之下……人家說鐵石柔情，鐵石心腸也是覺得……我也有血有淚。所以這案件一直幫人家辦，辦了這麼多，我也在考慮說要怎麼辯護？大家都要來找我，我想說好啊。那時候我印象好像都沒有收人家的錢，只有范政佑跟張溫鷹母親。張溫鷹母親她好像編一個吉祥的數字要送給律師，不是剛好拿齊頭的兩萬或三萬……，數字不記得了，就是編一個吉祥的數字，要我一定要收。大致上就是這樣辦。

——本次訪談結束——

訪談尤清（第三次）

受　訪　者：尤清
訪談研究員：黃建仁
攝　影　師：柯能源
訪問地點：北市溫州街尤宅
訪問時間：一九九九年四月二十二日上午九點
文字整理：郭美芬、黃建仁

※編按：楷體字為動作、訪問者發言。

提醒洪誌良小心自身安全

前面我們先補問一些就是上次沒有問到的，或者是我們新得到的資料。〔在洪誌良的〈歷劫對話錄〉中提到：「三月八日是開黃信介的審理庭，……當時也是擔任他們辯護律師之一的尤清，就剛好站在最靠近我的面前，即曾在法官問完話後，提醒似的告訴過我：『你要小心這些人過河拆橋、殺人滅口，像余登發案的吳春發，被利用完了後立刻就被槍斃！』」請問您當時對於洪誌良案的暸解如何？辯護律師團方面如何思考洪誌良案？〕

我不記得講那麼多話，但是好像我提醒過說：「你要小心喔，你的安全要小心。」我大概是跟他講生命第一，安全第一，不要被人家陷害。大致上是樣。他們怕他說……。〔訪談中斷〕

你找過尤宏？

對，我們上次去高雄訪問他。

不是許榮淑找吳嘉邦，是吳嘉邦那個時候跟我住隔壁，他自動跟我講，他說在美麗島大審的被告當中就是他〔張俊宏〕的理論最強，他〔張俊宏〕是美麗島的理論家。因為吳嘉邦跟我住隔壁，他知道我大概法政理論也有涉獵一些。

第一個問題有關洪誌良部分，他說曾經聽我提醒過他。因為時間過了那麼久遠，每一個字的確實內容我忘了。大致上提醒他說：「你要注意安全。」因為我瞭解像這種特務利用人，然後殺人滅口的案例蠻多的，我跟他說：「你自己要留心你的生命安全，你要小心。」他人就已經被抓在裡面了嘛，所以他是事後回想說我要他說注意這樣。

至於當初律師團的律師一般的看法是，確實洪誌良是人先抓進去，用他咬黃信介說要賣鰻魚。大致上是這樣。因為跟余登發案的吳春發都是一個模式，先做一個假證人，然後咬主犯，大致上大概是這個模式。

那個時候洪誌良他提到的這一段是三月八號的開庭嗎？還是之前的調查庭？

那個時候的感覺就是，洪誌良在開庭作證或者講話的時候，好像是滿臉無辜的樣子，無可奈何的樣子，好像滿臉無可奈何的樣子。在那個時候要抗拒這些特務的威脅利誘或者是……要有相當大的勇氣。

所以那時候我們當然也很懷疑洪誌良可能被利用來作假證，咬黃信介，達到陷害的目的。那個時候我們也懷疑，也對這一點非常的抗爭。到最後過了幾年以後，洪誌良出來以後，他自己也承認說被調查局逼迫的，逼迫作假證的，那個時候還是戒嚴時代。這個案件當然也應該可以來做為黃信介案翻案的機會，結果也沒有成功。

律師團分配被告的考慮

接下來就是關於尤宏先生的訪談提到……「大逮捕之後，許榮淑也曾透過吳嘉邦先生與您討論委任事宜。請問您是否還有印象？」。

不是許榮淑找吳嘉邦，是吳嘉邦自動的……。因為吳嘉邦那時候跟我住隔壁，而他在美麗島雜誌發生前後也辦一個雜誌，也蠻批判性的。因為吳嘉邦幫張俊宏助選過，當總幹事，他對他的法政理論也蠻有研究，所以跟我討論，他是建議，假如辦張俊宏這個案件的話，他的《景涵選集》還有沈思錄之類的，哪幾篇是他最主要的重點思想。

委任案應該是整個律師團考慮每一個被告的特質，還有每一個辯護律師的特長，做一個適當的安排。在安排律師的時候，我到現在都覺得虧欠黃天福跟藍美津一點情。因為黃天福也親自到律師事務所來找我，要我幫他哥哥黃信介辯護。我告訴他說律師團好像安排我為張俊宏辯護，我一個人很難辯兩個。後來又發現施明德沒有辦法逃離，被抓到。施明德被抓到之後，他是堅持：假如非尤清辯護的話，那就不要辯護。之後他的兄弟來委任，所以我又接了一個施明德。

本來我跟黃天福講說我已經接了一個，我可能……按照律師的共識是一個人只能接一個，如果再接黃信介的話，會違反律師一致的共識。後來施明德的時候勉為其難又跟他辯護。這一點我自己就覺得很虧欠，我到現在覺得很虧欠他們。

律師對被告的支持

第四個問題是想請問說您在跟他們會客的時候，他們有沒有提到，經過那麼長的一個偵訊階段，在心情上的一個轉變？

張俊宏是很含蓄的人，對於他內心的思路歷程，他不大會表示。尤其在軍法看守所在那段期間，他不會輕易講。跟律師見面的時候，有憲兵錄音，在這個監視的情況之下，心路歷程大概他不太願意講。

而施明德他這個人是認為會客的時候都有監聽，他不願意洩漏秘密，不願意洩漏他在法庭上的辯護、或者鬥爭的策略，不願意讓軍法官知道，所以他也不太願意講。

不過有一點就是，張俊宏我跟他見面的時候，我知道他好像有高血壓，我問他說身體狀況好一點沒有？他說還好。施明德大概是因為情緒的關係或是怎麼樣，很瘦，我跟他講說多少要吃一點，胃口好不好？大概這一類健康方面，睡覺睡的好不好，就問他這一類的。

倒是我覺得說兩個人有一個共同的現象，轉折就是律師跳出來了，律師跳出來以後……張俊宏因為在美麗島事件之前，他至少對我相當認識，就是兩點，歐洲同鄉會要請他到歐洲去訪問，我去找過他。他也知道那個時候大概在臺北當律師的只有陳繼盛跟我是留德的法學博士，我也相當有身份，而且在律師界相當有身份跟地位的人。還有在美麗島雜誌的時候，我寫過〈論抵抗權〉。所以從這些看起來，他大概多多少少有一點信心說律師敢挺身出來、社會敢挺身出來了。

而施明德是我中學同學，他也知道他對我的要求，大概我也不會捨棄他，不會離開他，會支持他。所以大致上第一個轉折就是……大概起訴之後，他第一個看到外面的人大概就是律師。被抓大概有將近三個多月，從十二月、一月、二月，到二月底，等於將近四個月，隔了一百多天才看到外面比較親近的人，給他點燃一點希望。

再來那時候軍法單位，包括檢察官，尤其那個警總、調查局，大概都騙他們說：「你們只要承認一下，馬上回去過年。」結果過年過了也沒有放人，所以他們也覺得很奇怪。所以在那一百多天裡面，他們的心路歷程很多的周折要問他們才知道。

後來我覺得他們最有信心是開始審判之後，他們沒有想到我們十五個律師那麼強，不但法律的見解、說服力很強，而且勇氣十足，好像整個社會把他們挺住了。這個感覺我想可以從法庭上的過程看出來，從剛開始他們個別的調查庭、個別訊問的時候，每一個人都非常膽顫心驚。像陳菊出來的時候，問她問題的時候就嚇得……，可見在裡面的壓力很大。後來他們像呂秀蓮……呂秀蓮她是一出來就衝，而陳菊是轉變最大。他們這幾個人在軍法大審前，在偵查、在警總單位確實是受盡了折磨。心路歷程要找他們才知道。

與黃順興先生談環保議題

另外有兩個問題，因為我這邊因為比較新出來的資料，所以我這裡來不及列。第一個就是一九七九年在美麗島事件發生之前的十月二十五號，當天有一個聚餐在臺北復興園餐廳，就是關於施明德跟艾琳達結婚一週年。

那一天我沒有去，他沒有邀請我。

可是我們蒐集到的相片裡面有一張是您跟黃順興先生在聊天的相片。

我跟黃順興聊天的相片……，可能不是在艾琳達結婚的時候，艾琳達結婚的時候沒有邀請我。

不是結婚，是一週年，結婚一週年。而且那天剛好是李慶榮跟陳映真他們被放出來的時候，等於是請大家聚餐然後感謝黨外人士的……

復興園在哪裡？

在重慶南路跟漢口街那邊。

應該是大三元，不是復興園。〔訪員拿照片給受訪者觀看〕，我有跟黃順興談話。我知道印象裡面那時候黨外大概是三派三巨頭，就是美麗島派是黃信介；亞洲人、八十年代派是康寧祥；另外黃順興也有一個雜誌，講環保的雜誌。

那時候我記得跟他談話的內容大概是他想了解一下德國的環保。後來他辦那個雜誌，在彰化的時候，我還跑去，在員林跑去為他演講。大致上是在談這個環保的問題。我印象有，但是印象不很深刻，因為我跟黃順興先生最早都是談環保，然後慢慢的再談政治。〔受訪者翻看其他相片〕這個復興園的……這一段應該有去，對。你們很會保留這個相片。你看我那個時候頭髮還很黑。

罹患重感冒，抱病參與辯護

另外，我們昨天去訪問張俊雄律師，他提到您得知林宅血案的消息的時候，好像當時有一個很強烈的反應，是嘔吐、還是什麼樣的一個情況，他說好像當場就吐了出來。

沒有吐出來，那段時間我感冒、咳嗽，但是沒有吐。那一段期間香港A型感冒流行，一直到軍法大審以後我還沒有好，咳嗽到……那時候A型……是不是香港A型感冒，那時候報紙可以查的出來，A型還是B型感冒，就是香港A型感冒，我記得是這樣。那是咳嗽，不是嘔吐，那時候是因為感冒的原因，咳嗽。

不過我那時候很憤怒，民主國家怎麼可以用暗殺的方式來進行滅門血案呢？這是什麼國家嘛！每個律師都很憤怒。那時候我咳嗽是事實，好像洪奇昌還跑到外面的——他旁聽不能進去——本來我要到藥房買咳嗽藥，洪奇昌還幫我去買，買那個「可代因」的，喝了會止咳，但是人會麻醉，止咳就對了。

所以那段時間您的感冒非常嚴重。就是只有A型感冒。

那一段時間真的是很湊巧，A型感冒，還沒有開始辯論，差不多開始辯論的前後就開始了，差不多二月底的時候。

軍法大審的辯護主軸：一、內亂、叛亂罪的研究。二、罪證有疑，利於被告。三、心中有犯無罪

最後請您談一下就是整個軍法大審的……

整個軍法大審裡面有幾個主軸，第一是從比較法跟法律史對內亂罪、叛亂罪的研究，提供給律師團做參考。第二，在證據法方面，我掌握了證據法最大的原則：罪證有疑，利於被告，in dubio pro reo就是假如沒有任何的證據，沒有很確切的證據的話，要有利於被告，不能不利於被告來判罪。

第三個，我們也希望軍事法庭不要再以現有法律的教條來判罪，因為這些法律條文是完全違反經驗法則的。最簡單的來講，就是說不能用他自己的所謂的邏輯推理來審判，但是要瞭解一般社會的經驗法則。比如說Holmes說：「審判不能依據邏輯而已，而且更要有社會經驗的基礎。」換句話說，你不能說他有叛亂來斷定他叛亂，有人拿石頭、拿棍子，這不是石器時代，怎麼可能用石頭、棍子來叛亂，這不符合社會經驗法則。我大致是講這個。

除了法律辯論，最重要的法庭辯論是我們一直攻擊說，你現在在審判普通內亂罪的時候，特別要注意，因為他不要有暴力，你們就可以要把他們成立犯罪，但是這個的斷定不能錯誤，不能錯誤。因為心中有犯無罪，不能說內心還沒有表達在行為，你就來判定他內亂罪。

過去軍法庭有太多這樣的案例，所以我們提醒他說不能夠這樣子辦，不能說心中有犯就判罪。更何況從政治上來講，他們完全是為了民主參與，這是他的基本人權、他的參與權。我強調說人權不但是一個消極的自由，排除侵害的自由權，還有積極的參政權。所以這個是他的參政權，他是為了參政，而不是因為他有叛亂的意圖。

更何況張俊宏講，在第一次檢察官在人別詢問之後，林輝煌就問他說：「你有沒有叛亂的意圖？」我們就特別提到他這一點，他說：「沒有叛亂意圖，我們只是為了參政。」另外有一個證據法的原則就是「案重初供」，就是證據法的法則，in dubio pro reo，就是「罪證有疑利於被告」。

除了這些原則，當然在整個的辯護技巧方面，我們也攻擊說現在的春安演習、戒嚴法令都沒有依據。因為頒佈戒嚴令的時候，蔣中正總統已經辭掉了，他憑什麼發佈戒嚴？更何況那時候的戒嚴令只是港口戒嚴令，而且是短期的，時間到了就無效。所以我們大致上就一直攻擊戒嚴令無效，攻擊蔣中正在頒佈戒嚴令時根本就已經卸任了。

還有一些在整個辯護上的枝節就不贅述了。大概我們掌握了三個大點，第一點就是從內亂罪的比較刑法跟法律史。然後來攻擊到說他在認定這個內亂、普通內亂罪的時候，要更審慎的，不能夠把心中的犯意當做行為的著手，或者是當作陰謀，更何況他的意圖上沒有叛亂的意圖，他意圖只是參政。

再來在程序法上，就是從剛剛「罪證有疑利於被告」，案重初供，還有一些證據法則，不能夠違反經驗法則等等，還以其他的。所以我為了證據上慎重起見，我還到現場去履勘了三次，去量了路的大小。那個時候鐘鼓樓有一首詩，有一個王醫師寫的一首詩，你可以去找出來，他裡面寫的蠻好的，大概講說我們想把歐洲的法律制度引到臺灣來對抗這個暴政。

最後第三點，在法庭的辯護技術上，我們十五個律師可以說是在挑戰……比如說他疲勞的詢問，造成取得的自白，這是違反證據法則、程序的正義。更何況所有的自白都要去找是否有證據，不能夠自白來定罪。總之，就是在法庭上其他的辯護措施上讓他招架不住，可以說整個軍法庭招架不住。雖然他們招架不住，但是到最後他們還是照他們要判的去判罪。

感人的最後陳述

我們知道說那時候好像在最後陳述的時候，可能是因為被告他們覺得說可能難免會有最壞的打算，所以在最後陳述的時候，大家都表現的非常的激動，而且情緒很高昂。

在審判的那幾天，外界報紙每天都登，而且非常詳細，一問一答全部呈現。但是被告他們不知道外面已經瞭解他們，這一點是有差距的。

因為在審判過程當中，律師幾乎都沒有會見被告，也沒有聯繫，而在法庭上我們也不可能拿報紙去，所以他們還不知道那一次的審判是對社會的公開，而且是整個社會、輿論矚目的焦點。他們不知道。他們完全是發自於內心的，而且很自動的站出來講實話，很勇敢的來講真話。這一點我倒是很佩服這八個被告，他們在一百天完全是封閉的、生命受威脅的情況之下，被壓迫之下，然後到法庭他們還是一樣，表面張力還是發揮到極點，他們發揮到他們的力量的量能可以說是全部釋放出來。這一點倒是讓我非常的佩服。

剛剛我提到就是最後陳述那一段時間，除了被告、家屬跟律師這一方面，好像那種氣氛都感染到比方說當時的憲兵、女警、檢察官？

連那個女書記官都哭了，好像是海軍中校調來的書記官，在法庭都哭了。所以那種情況實在是一個非常……，我一生永遠忘不了的動人的一幕。法庭上下，無論是被告家屬，甚至在旁邊站的憲兵，——那些都是充員兵嘛——，當然律師每個人都哭成一團。那是到最後的時候。不過我們在執行任務上，還是含著眼淚堅持到最後一刻。

最後的陳述是最感人的。我印象裡面，最後陳述讓我最感動就是林弘宣，有一個教會的牧師林弘宣，也許因為他學哲學的，他最後的陳述雖然不是很長，但是非常感人。他們八個各有千秋，陳菊、呂秀蓮兩位女將，還有六虎將都非常的……。

黃信介不改其本色

而且黃信介……，雖然黃信介後來大家批評他，但是我覺得他的用心是……因為他老大嘛，在那個情況之下，他以為大家必死無疑。每次他到了法庭，就用手勢比這樣一下，［受訪者彎了彎食指］意思是：「會不會死掉？」比如說他走出來，看到我——也之前就認得我——，他就比一下，問說：「會不會槍斃？」所以在那個情況之下，我覺得黃信介、信介仙，不改他的本色，到現在不改他的本色；就是有名有利大家分，有難有過我自己挑，他到現在都是這樣。

從法庭上的小動作，他一直想要……，這是我的感覺，因為看他的表情，反正社會要怎麼罵我，我黃信介的本質不改變，社會上隨你們罵。但是他一直回頭在考慮到其他被告會不會被槍斃，他就比這樣，問我會不會被槍斃？有一次審判長還罵：「黃信介！」意思就是你做什麼暗示？〔笑〕……其實是很簡單，他只是問說會不會死掉？我們會不會被槍斃？

我覺得他那個時候的心境跟心情我很感動，每一次我想起來，就覺得很感動。因為他就是老大嘛，老大帶的虎豹獅象，帶的這一群人，萬一假如被殺的話……。

人的存在本身即為目的（一）

那時候大家一直在害怕，包括我跟鄭勝助律師，害怕會不會把施明德拿來當祭品。所以我在辯護中說：「人的存在本身是價值，在刑法上，人不能當作刑罰的工具，他本身是目的，不能以國家的機關、司法、軍法機關，把一個人當作工具，拿來拜神、拿來祭鬼。」

那個時候我特別強調一點，就是刑法上的一個基本原則：「人的本身是目的，而不是工具，不能把人拿來當作刑罰的工具。」比如說以前、早期的時候，執行死刑要遊街，抓到小偷要遊街，那個都是一個工具論，不是把人本身的存在當作是目的。而我在為施明德的辯護裡面有那個名言：「人的存在是目的而不是工具，不能拿他來拜神、拿他來祭鬼；不能拿他來滿足一些人的報復、復仇的慾望；不能拿來當作警戒社會的工具。」

那時候我們都很擔心施明德會被判死刑，因為他以前有無期徒刑，然後假釋，他假如再有犯罪而科刑的話，那就要恢復無期徒刑。大概我們也瞭解施明德可能一判罪就恢復無期徒刑，所以那時候辯護上的一個界線就是施明德不要弄到死刑，那個時候我的辯護大概集中在這一點。我可以再找出來一下……〔受訪者翻找卷宗，訪談中斷〕。

施明德的辯護：被告自白不能作為有罪判決的唯一證據

〔受訪者翻閱施明德的辯護狀〕這個是有好幾狀、續狀、辯護意旨狀、辯護意旨續狀、辯護意旨三狀……，這是覆判聲請……，施明德最後還給我這個……，他自己有寫答辯狀〔笑〕……。喔，你看看這個，引經據典。那時候有一個雜誌叫什麼？《新聞天地》有一個姊妹版，在臺灣弄的。雜誌上說我的辯護理由一下拉丁文、德文、一下英文〔笑〕……。那時候為施明德的辯護……，我想你再開闢一個點，施明德的辯護。

施明德的辯護，第一點，從證據學上來說，被告的自白不能作為有罪判決的唯一證據，仍然應調查其他的證據，以查其與事實是否相符。這個是刑事訴訟法跟軍事審判法所規定的。為什麼要特別提這個呢？因為所有的被告在被捕的一百多天裡面，在警總跟調查局的那段期間，這些被告都被逼著寫自白，有些都是那些調查員或者是警總的人寫好以後叫他簽字的，或者叫他抄的，這些根本就不能做為證據。

行使憲法所保障的參政權

第二點，他早期跟後來當黨外助選團的總幹事，跟《美麗島》的總經理，還做國際人權聯盟的臺灣中心的主任，我還特別提到說他還發表過黨外的國事聲明，強調他的人道精神、參政的意願、人格背景；他只是要參政，他只是一個人道關懷。

最主要的一點，就是剛剛講的，憲法保障的人權不但是一個排除侵害的自由權，不但是消極權還有積極權，主動參與的權利。這一點是很重要的，因為在軍法官或者是在他們社會的觀點上，那個時候戒嚴時代一般人的觀念就是說：「人不犯我，我不犯人，你只要有保障自由就可以，你不能夠來參與國政。」所以我強調參與權，強調參與權來引進說他們只是要參政而已，不是要推翻政府的叛亂，不是要非法推翻政府的叛亂。最主要是這些。其他的那些就是個別證據上的辯護，包括當天十二月十號現場的情形等等，這些都是證據上一個取捨。

證據非但依邏輯來論定，而應運用人類的常識跟經驗來論斷

第二狀中我特別提出來：證據非依邏輯來論定，而應該運用人類常識跟經驗來論斷。他[檢察官]提出一個Mansfield，[1]他亂提啦。我說英國法官Mansfield說：「證據並非依邏輯來論

1 一九八〇年三月二十七日中國時報報載，三月二十六日軍事法庭進行黃信介言辭辯論時，軍事檢察宮會做如下發言：關於洪誌良的白白書可信度的問題，……，公訴人願意引一句美國著名法界碩彥門斯費爾德（Mansfield）的一句話，他

定，而是應該運用人類的常識跟經驗來論定。」換句話說，又不是石器時代，不可能用棍子跟石頭來叛亂。我又引用Oliver Holmes的名言，就是「法律不是邏輯，而是經驗」，所以證據力的論斷必須要按照證據來，才能形成心證，不能用法官來所謂的自由心證。

後來我又引用了德國關於自由心證的理論，因為自由心證的自由，指的是法官沒有受到政治跟外面的威脅利誘的自由，心證就是有尊嚴的來判斷，就是自由心證原來的說法，這是傳過去日本，日本從德國翻譯過來的。我大致上就提到這一點，要他們［軍法官］在認定的時候必須要瞭解這一點。

臺獨的國際法觀點

施明德在法庭上比其他的人更特別的就是他對於國際法的研究，因為其他的人那個時候都沒有提到國際法。他的國際法的論點，他認為所謂臺獨的國際法論點，就是蔣經國所提、中美關係五原則中的事實基礎原則，就是國際法的事實的基礎原則。因為他們［檢察官］攻擊他說他要臺灣獨立，所以我特別講，他說這是事實的原則。

說：「判決並非推論，而是事實推定。」

人的存在本身即為目的（二）

最後我提到海德堡大學Radbruch所提的，就是法的安定性、正義性跟合乎目的性。在合乎目的性裡面，我特別提到說，在認罪跟科刑的時候，有罪、無罪，刑期長短的時候，要考慮到正義性。我又提到在法治國家所謂的刑事法的人道原則，人道原則是國家刑法權的指導原則。

我還特別引用一個德國Jescheck刑法的書，還有林山田的刑罰學，——因為他們不會去拿Jescheck的書來看，而林山田的書會去拿來看——，Jescheck後來是德國Marx-Plank比較刑法研究所的所長，在Freiburg。他的人道原則：人類、人性的尊嚴應受到保護與尊重，並且禁止以人當作達成刑罰目的的工具。

我還講：「康德曾經說過：每一個人的本身就是目的，不能夠作為達到他人目的的手段或者工具。這個就是文明社會尊重人性、尊嚴的思想基礎，也吻合我國文化中的人本跟恕道的主義精神。……按照人道主義的原則，行為人只因他的罪責而受處罰，並非當作來警戒社會大眾的案例，來加以處罰，所以不能夠把他當作威嚇社會大眾的工具或者手段，也不能拿來當拜神或者祭鬼。一個平凡的人尚且不能夠把他當作工具或者是手段，更何況被告施明德他是一個提倡人道主義的人，他本身的存在就是他為他個人的目的。」我特別強調這個。

希望審判官不受世俗干擾，一本公正嚴明立場來審判

還在裡面提到，還蠻動人的，「從去年，就是民國六十八年十二月十三日，施明德離家逃脫以來，大眾傳播蓄意渲染，更隨著緝拿賞金額度的提高，施明德的形象已經被扭曲了，更加醜化。在設有陪審團或者參審團制度的國家……」陪審團是英美，參審團是歐陸，「陪審團或參審團在此情況下，已經沒有辦法來公正判斷了。」他被抹黑了嘛。所以我最後講：「敬愛的審判長跟各位審判官，希望你們就是司法的女神，蒙上眼睛……」蒙上眼睛是說不要受社會的這些抹黑影響，「……左手拿穩天平，右于握定利劍，不受世俗的干擾，一本公正、嚴明的立場來審判。施明德我們不能把他拿來拜神，更不能把他拿來祭鬼，絕不可把他拿來當作安撫部分人的工具，更不能把他當作警戒威嚇社會大眾的手段。」現在寫寫不出來了〔笑〕……那時候年輕。

我看這個……，這個辯論用的……。那個時候還引了《聖經》中的一段：「鮮血一滴一滴的流，我的父、我的上帝，原諒他們，他們不知他們做些什麼。」這是林弘宜的名言：「我懇求上帝原諒他們，我求上帝原諒我，主賜福他們。」那個時候的辯護狀還寫的鏗然有聲。

有無叛亂意圖

這個是第二狀……，這是第三狀……，續狀裡面其實也寫的很好，還有一個四狀。你可以

看《臺灣時報》，有紀錄。這續狀裡面都在陳述法律證據的論斷。在法律論斷裡面，我特別提到行為的三段：「在文明的國家任何人不因為他的思想而受處罰，僅僅心中僅有犯意而處以重刑，豈非歷史的倒退。」這是秦始皇的腹誹有罪，：「僅據犯罪決意，即以處刑，故因是司法者把犯罪決意的階段跟預備陰謀的階段混淆的結果，又何嘗不是非暴力之非法方法概念不清跟認定的困難。」

這是在辯論的時候，一狀、二狀、三狀、四狀，一直遞過去。我還特別從比較法的觀點來論述。還從犯罪的意圖跟未遂來討論，因為內亂罪沒有未遂，所以往往就是內心中有任何內亂意圖的時候，他就把它當作完成，當作既遂，因為他是一個企行犯，遂行犯、企行犯。

打亂檢方原來的劇本

當時還引用國內外著作，因為那時候軍法官能夠接觸的是國內的出版物。而國內的出版物、漢文出版物非常有限，大概只有很少數的教科書。所以那時候為他們辯護，實在要用很大的力氣，用現有資料去闡述我們的論點。我所論述的大原則在德國的書上非常清楚，而且條理分明，敘論清楚。而我們臺灣中文的書，像刑法分論這些書裡面，只提到一個標題，或是概念的解釋。但是這個概念解釋的背後是非常詳細的制度跟思想的背景。我非常清楚那個思想跟制度的背景，但是我引用他們，他們［檢察官］沒有辦法來查證，所以在裡面我大概都只能引用這些漢文的書。

那時候施明德有一個名言：「當然人民可以合法顛覆政府。像民主國家美國，他們四年選舉一次；像我們國家五年、三年、六年就選舉一次，這就是用合法的方法來顛覆政府，也就是政權和平轉移。」[2]我還為他去辯護，因為那時候警總跟軍法單位已經說施明德要顛覆政府，而我們要把顛覆政府justify，把它合理的本質講出來。因為他很多的話都是合理、合法的，而是被抹黑以後，大家不瞭解，所以我又把它justify合理化。

就是說，顛覆政府有合法顛覆、非法顛覆，而他所說的是合法的。然後他〔警總與軍法單位〕就用三個接頭把施明德的罪狀接起來，第一個接頭是說他要顛覆政府；第二個、他要組黨；第三、他在高雄現場用暴力。事實上本來他們要把施明德當作暴力內亂罪來起訴，但是就本案來說，要牽扯到暴力內亂罪的話，不太合經驗法則，因為用石頭、用木頭來叛亂不太可能，所以他們又回到原來的普通內亂罪。普通內亂罪就是刑法一百條。所以他們在考慮這個的時候非常搖擺。後來就乾脆用懲治叛亂條例裡面的條文，不管他是普通內亂罪、暴力內亂罪，通通構成內亂罪，就全部涵蓋了。

涵蓋之後，要如何來幫他們解套〔如何為起訴書中的罪狀自圓其說〕？就是這三個接頭很重要，他要顛覆政府、他要臺獨、他要組黨，組黨就是要叛亂、就是要臺獨，就把這三個結合在

2 一九八〇年三月二十一日中國時報報載，施明德在答覆審判長問題時答道：「……在一個民主政治下，都有合法顛覆政府的機會，臺灣只要國民大會代表全面改選，則政權六年便會顛覆一次，如果立法院三年全面改選一次，則行政院三年就會顛覆一次。」

一起來，所以拿到高雄去實施。大概他們當初的設計就是這樣，沒有想到我們辯護把它整個衝亂了，衝亂以後，他就亂套了。

這個續狀、辯護狀、辯護意旨狀，這好像寫的還不錯，現在要我再寫，太老了寫不出來了[笑]……，這寫得非常詳細。張俊宏的就……。喔，這是臺灣警備總部的……，——（問：判決書。）——判決書，他所扣案的是什麼？柴油、點火用的草紙、擴音器、麥克風、紅花名條、布條，他查扣了這些，再來就是雜誌、火把、木棍、竹棍。等於木棍、竹棍、火把、這些雜誌、名條，用這些來叛亂，違反經驗的原則嘛。

他示意以懲治叛亂條例二條一起訴的，假如懲治叛亂二條一，就應該判他們死刑，結果全部沒有死刑。懲治叛亂……，在這邊，意圖以非法方法顛覆政府而著手實行，就是二條一嘛。最後判決的時候沒有提到暴力不暴力，因為我們衝掉他們經驗法則。

軍法大審：臺灣法政歷史上最大的一次審判

現在回憶起來，這次軍法審判在臺灣法政歷史上是最大的一次。因為這次審判的是八個最強的被告，強到什麼程度？他們在生命的威脅之下，完全不害怕、不軟弱、不退卻，非常勇敢站出來，不是為自己辯護，而是為整個臺灣前後這一百年來而辯護，為過去臺灣這些先聖先賢的烈士而辯護，為他自己而辯護，為未來開啟了民主的大道。

所以在臺灣的歷史上可以說是兩大事件，另一個是二二八事變。二二八事變是非常消極的，所有人被殺害了，僅有的一點知識份子跟菁英被殺害以後，這個力量消退之後造成斷層。而美麗島事件以後，雖然這些被抓、被監禁八年到十年左右，但是他們的家屬、律師站出來參政，社會加以支持。這個就不一樣了，就好像竹子被折彎了，但是竹頭沒有死，又發出芽來。而二二八好像韭菜、好像竹筍，全部連根拔起，沒有再發出新芽，這是一個很大的不同。原則上，我們在辯護的過程當中確實也是發揮了一些作用。

準備工作：比對起訴書、筆錄，模擬事實

好像有人來翻過我的東西……〔受訪者翻閱卷宗〕……因為用手抄寫的很費力，所以要用影印、複印，我還代為聲請，結果都不准。這些卷宗都放在我這邊。張俊宏的部分……，你幫我拿一下，張俊宏部分跟施明德又不太一樣。……〔受訪者找卷宗，訪談中斷。〕

那時候真的是用心寫，用鉛筆寫，——（問：這個是用手抄的嘛。）——我用鉛筆寫，因為比較快，那時候用ＨＢ的鉛筆啪啪啪一直寫，寫字比講話還快。這些有的是我寫的，一張一張寫，然後叫我的助理抄，因為我的字太草……，這個是尤宏的字，抄過以後再拿給打字行打。都用鉛筆批哩啪啦寫，好快，寫字跟講話一樣快、跟唸書一樣快。我一本書買來，一天就把他看完，看完不記，再看第二次，假如不要就丟了。

你看那個時候我還印事務所專用信箴，現在這律師印，留下來了，以後當紀念品。

那時候為了辯護，我們就用這樣長的紙，模擬辯護策略。我那時候三個助理，包括尤宏

——，卷宗抄回來，把抄錄的筆錄跟起訴書做一個對比。因為筆錄都是逼他亂寫的，但是還有一些破綻，有些在起訴書中沒有引用的，確實對我們是有力的證據。這樣瞭解嗎？變成起訴書的時候，都是對被告不利的。

事實上，檢察官或法官，對被告有利、不利的證據都要審酌，刑事訴訟法有規定。結果他只引用對被告不利的，而有利的不講。後來我們就以子之矛攻子之盾，用裡面的筆錄，——雖然有些筆錄都是被逼迫的——，用這個筆錄來辯護。我告訴三個助理，把筆錄整理出來，對他們有利的證據，拿來做對比，弄一個清明上河圖，一個橫軸，一個助理用那個橫軸把筆錄整理出來，貼起來，好長，後來他拿回去做紀念。後來他當法官去了。［受訪者翻閱卷宗，訪談中斷。］

張俊宏的辯護一狀：案重初供——無叛亂意圖、自白的任意性、聲請調查證據

其實張俊宏的辯護意旨狀寫得蠻好的。［受訪者翻閱卷宗］這個答辯狀以後，還有辯護意旨狀……，這是覆判的。

有關張俊宏部分的辯護意旨狀，大致上我先抓著「案重初供」的原則：「在十二月十三日被抓的當天，軍事檢察官林輝煌就問他說：你是否有叛亂意圖？他說沒有。案重初供為刑事訴訟法的鐵則，僅請鈞院重視被告此一供詞。」就是假如沒有叛亂意圖的話，不能構成叛亂，因為叛亂犯在刑法學上叫做意圖犯，必須要有叛亂意圖才可以。

再來是在程序法上來攻擊說，被告的自白書跟調查局筆錄都是在沒有自由的狀況之下製作的，沒有自白的任意性。這時候引用這些判例、著作，就是攻他自白的任意性，有關於自白的任意性，必須要檢察官來舉證，不是我們這邊舉證：「檢察官為了保護被告起見，應該由檢察官來負起舉證責任」，這個先攻破他嘛。就是說，我們只要提出來說你這個自白是在威脅利誘之下做成的，沒有任意性，自白不自由，要提證據出來的話，檢察官要提。結果他們對這個一概不答。

再來就是……，這都是在要求調查證據，在程序上調查。譬如調查五人小組叛亂的證據，因為檢察官說五人小組就是要密謀叛亂……，——（問：好像還給他們一個名稱叫奪權計畫。）——是是，奪權計畫，他們就要密謀叛亂。大概第一狀裡面，這些都是在跟他論法律，那個時候還沒有開始公開審判，就是先遞辯護意旨狀，辯護意旨狀總是要先給他，讓他摸不著頭緒，跟他談法律，再來就是談證據的問題。

張俊宏主張和平改革，毫無叛亂意圖

然後二狀開始。在張俊宏的部分，最主要是對他的政治理念跟政治思想進行闡述。因為張俊宏最大的優點就是被抓當天，檢察官問說：「你有沒有叛亂意圖？」他說：「沒有。」從這邊開始。那麼，有沒有叛亂意圖，不是張俊宏說了就算。所以我們馬上要佐證，提出補強證據。

補強證據就包括他過去發表的〈臺灣社會力的分析〉，這篇文章是要消除現代化的概念障礙，包容意見、社會均等、消除異議歧見。再來就是《我的沈思與奮鬥》，他主張和平改革，不主張暴力推翻政府，他沒有叛亂意圖。這個是強而有力的證據。還有崇尚民主法治的一些論調，要建立制衡的力量。他是一個主張和平的改革者。我所提出來的辯護：「第一點就是說他要以平等、機會均等的原則來消除地域歧見；第二、他是主張和平改革者；……〔錄影機換面，訪談中斷。〕……第三、崇尚民主法治；第四是建立制衡的力量。」另外，他在《景涵選輯》裡面，重視的是培養批判的精神、鞏固選舉的制度，然後為中國的現代化前途找出路。」這些辯論下來，結論是：「被告遵循右述的政治思想，在現行的憲政體制下從事於政治的和平改革。」非常清楚啦。

除此之外，第三，我再進一步為張俊宏辯護，因為對張俊宏最有利的就是「案重初供」，他講沒有叛亂意圖，所以我又強調：「查內亂罪的成立，特別要注重內亂的意圖，以之來做為構成要件的主觀要素。犯罪學說上稱為目的犯或意圖犯，這樣一個主觀的內亂意圖不存在的話，內亂罪的構成要件不該當。」這是法律用語，就是不成立內亂罪的意思。那時候用語好嚴謹，跟蔡敦銘他們沒有差距。

後來我又引用一個德國憲法學者Karl Schmitt，李鴻禧也常常引用……〔受訪者找資料，訪談中斷〕……Karl Schmitt他是在希特勒時代的憲法學者，他提出一個最有名的論點就是統治的合法性與正當性，他最早提出來，也最系統化，最有名的。他說：「刑法關於內亂的規定本質上是應該保護憲法為標的。刑法所規定的內亂罪的構成要件，主要是攻擊憲法，所以現代的法治國家憲法規定立國的基本原則跟組織，國憲包含國體跟政府。進一步來說，國憲涵蓋的民主共和的國體，以及依憲法產生的政府。依此來推理，在肯定現行的憲政秩序下，也就是在肯定現行的政治體制下來從事政治的競爭，例如選舉，或者形成政論等，取得政治領導與管理權，不問他的名稱為奪權或推翻政府，更不問他是否因之導致政府人員的更迭，或者是使執政黨變為在野黨，皆非本罪所稱之顛覆政府。」

再來我強調：「本件被告最近十年來從事臺北市議員、臺灣省議員的競選，並且當選為臺灣省議員，皆是肯定現行憲政秩序，也就是肯定現行的政治體制的具體表現。又被告主張和平改革，反對暴力，崇尚民主法治，建立制衡力量，揭櫫培養批判的力量，鞏固選舉制度，並為中國現代化描繪了明朗的遠景，」就是前面所說的，凡此莫非在現行的政治體制下，從事政治和平改革，縱然被告胸懷執行之抱負，也與內亂的意圖大相逕庭。」讚喔？〔笑〕……你看他們的辯護狀哪裡有這樣寫？我之所以引經據典，最主要不是自己的學術地位來欺壓軍法官，而是拿出學術的立論來讓判決更準確，不要偏離了法律的立法本旨跟憲法民主的本旨。

所以當初在辯論的時候，有時候引用外國著作，審判長說：「現在我們開的不是國際法庭，是在中華民國的軍事審判庭來審判，要引據本國法律。」我就跟他說我們所有的法律都是來自於西歐，包括我們的刑法、法律制度，道理是相通的，立論的基礎是相通的、是一致的，只是我們沒有去詮釋，去解釋清楚而已，我們透過案例裡面讓他更清楚。這段很好，你覺得這段很好嗎？辯護這一段還蠻好的。

第三點、再進一步，內亂罪、叛亂罪是保護憲法的，保護憲法所構成的國體跟政府。你就是要保護國憲、保護政府，張俊宏也不過是在現在的憲法、憲政體制之下來參政。縱然會變成政府執政黨變在野黨，政府人員的更換，也是政治競爭必然的法則。不能因為他要參政、他要形成輿論、政論，你就把他當作叛亂。

因為假如太多理論引據的話，會一頭霧水，而我這個辯護狀非常具體，省去一大本的廢話沒有講，專門在提跟我們辯護有關的重點，這樣你就清楚了。那個張俊宏的更……其他的證據法則、證據就不必講。

軍事法庭對「內亂的故意」概念不清楚

辯護過程中，我發現從起訴書跟調查庭、軍事審判庭調查證據的時候，只是把起訴書所起訴的事實，最後再確認一下。確認的目的就是要在最後定罪的時候，來說明他有經過調查。

後來我發現他對於「叛亂的故意」概念不清楚。所以我在辯論的時候又把它提出來：「內亂的成立，除了主觀的構成要件（內亂的意圖）之外，尚須具有實施內亂的故意。所以按意圖在表面上解釋，只要行為人有此意識，實則對行為所採取的事實，需明知並有意使它發生。」

我又引用一本非常老的刑法書，余承修的《刑法分則》。事實上余承修可能是從日本翻譯的，日本又從德國那邊引進的。那個老的刑法著述書裡面，大致上是這個內容。我假如引用德國原文書的話，他又會覺得說我們是開軍事法庭，又不是在開國際法庭。所以我是倒過來找，先找德文刑法書中對被告有利的立論依據在哪裡，找到了，再去找中文、漢文的法律著作裡面有沒有相當的文句。倒過來找，這樣他們才會相信，他們才會看的懂。所以我用余承修的書。

我又講說「因此內亂罪所指的實施內亂之故意，為刑法第十三條第一項所規定的確定故意」。「確定」這個拉丁文大家都懂的，他們不懂，書上也會有，這沒有關係。就是盡量少用外文，因為用外文的話，他會講這不是開國際法庭。所以我就認為說「被告一向反對主張暴力，並且盡力來排解糾紛。」在高雄現場的時候，他還大呼說：「今天晚上我們已經勝利了，每一個人的火把他熄掉，都熄掉火把。」所以這個已經非常清楚。還有很多很多的動作顯示，他根本就是沒有「以暴力來明知讓它變成內亂的可能」。那麼最後我又提到就是其他程序上的，這個就不必再講。

未以國家行政中樞為攻擊對象

還有，那時候是在高雄發生，不是在臺北。因此我們又去找，怎麼樣？所謂推翻政府應該要推翻國家行政的中樞。我又去找一個軍法官顧樸先所寫的特別刑法實用的書。除了韓仲模、陳樸生的書之外，還去找一個軍法的著作來參考。所以「縱然在高雄事件所攻擊的對象也不過警察跟維持秩序的憲兵跟保安警察，並非國家的行政中樞」。攻擊的不是行政院、總統府，連市政府都沒有作為攻擊的對象。那麼，「並非推翻國家行政中樞組織的行為，也沒有以非法的方法，來讓政府發生更迭，因而失去它的同一性」。是不是？不是要替代政府嘛，這個怎麼可以做叛亂罪呢？而且大同路跟市政府有一段距離，他根本也沒有使高雄市政府的作用停擺，當然也沒有影響到中央政府的運作。

所以我就講說這個案件裡面，它也不符合妨礙秩序罪，因為他也沒有舉牌要求三次解散，頂多只是按照違警罰法第五十六條第六款的規定，頂多只是違警罰法。因為，縱然你們指責他的集會遊行沒有經過申請，造成交通秩序混亂，只是違反違警罰法而已，連刑法的妨礙秩序罪都不成立。所以他的辯護方向就是往這個方向走，從他的意圖來做出發，所以他們兩個人的辯護不一樣。

罪證有疑，利於被告

其實他們兩個人的辯護狀我不是寫一本，而是寫兩本，兩個完全不同的模式。辯護三狀更精彩，剛剛我提到說，因為在證據法則裡面，你在辯護的時候，可以用兩個方式來攻。第一個是在刑法跟特別刑法的叛亂罪上面，另外一個就是軍事審判法、刑事訴訟法，還有他的所立論的這些法律原則。所以我在立論法律原則裡面，引用：in dubio pro reo，in du bio就是懷疑，pro reo就是利於被告，in dubio pro reo意思就是說：「罪證有疑，利於被告。對被告的犯罪事實，法官不能夠以積極的證明的時候，應該以被告無罪的判決。」這是in dubio pro reo。

按照這個原則，不但是在大陸法、在英美法，我還給他寫英美法——，「證據力不能達到不可質疑的程度時，不得做為有罪的判決」——，這就是合理可疑，你要合理到可疑，然後自由心證，我又推翻他的自由心證。還有引用德國法院的判決、聯邦法院的判決，成立它的證據法則。我就陳述歐陸的怎麼說、英美的怎麼說、我們的怎麼說。我們中國的唐律上說：「諸罪有疑，各依其所犯以贖論，……。」這是唐律的原則，而我國學者陳樸生也確認「罪證有疑，利於被告」的原則，又確認了。陳樸生引用中國歷史、引用西歐的，我們就找到他的根源、全部找出來：「犯罪應該依證據來確定，無證據不能推定犯罪。」

這些引伸出來的，最後落實在法典。你們怎麼可以跳出法典？跳出這些立論依據來做被告犯罪的證據？所以我最後結論說：「被告的自白及不利於己的陳述外，並無積極的……」他那時候有不利於己的自白，並無積極的證據來足以證明被告具有犯內亂的犯意。而上述的自白跟自述，其任意性及證據性都被動搖。在此情況之下，鈞庭是應依『罪證有疑，利於被告』的原則為被告無罪的判決。」都把立論陳述了，這是三狀。[受訪者翻閱卷宗]……

這是最後陳述，還有一個最後陳述，他們都講了很長，只是林弘宣的最長，剛剛我念林弘宣……。我拿到辦公室去印一下，辯護狀給你們，你要全部嗎？重複的像那個你們大概都有。覆判就不要講，覆判變成次要。所以在他們兩個人的辯護上，大概就這樣的情況，我們再來看……你那個軍法大審是不是這樣就可以？

司法審判部分

好。接下來司法審判的過程，司法審判你是替周平德、紀萬生跟范政祐三位辯護？

還有楊青矗，還有一個吳振明。紀萬生、周平德、范政佑、吳振明、楊青矗。你要問什麼問題？

當時在準備司法的過程裡面，跟軍法大審裡面最大的差異在哪裡？

因為在軍法大審的時候，筆錄幾乎都用抄的，到司法的時候，印象裡面好像就可以用影印的。

到司法就可以影印。司法那時候三十幾個被告當時是一起出庭，就是在審判的時候？

對。

主要的辯護上的方向跟軍法大審的差異在哪裡？

你說怎麼樣？

就是司法審判這部分，因為他起訴的罪名也不一樣，所以他的辯護方向跟軍法大審……

司法部分是往妨礙秩序罪的方向走。

軍法審判這八個人當時假如是歸於司法審判，對國民黨衝擊沒有那麼大。國民黨當初的拿定，就是針對這八個被告，等於是認為他們是最有影響力，先壓他們。國民黨把他們分類審判的目的就是要打擊美麗島政團的政治影響力，等於至少讓臺灣的民主發展晚了……，民國六十八年發生美麗島事件，到八十五年，七年以後，民進黨才組黨。假如那時候沒有抓這些人，到民國七十年或者六十九年選舉的時候，也許就組黨。等於讓蔣經國接班以後有六、七年的弱勢挑戰，不是強勢挑戰。

後來等到民進黨組黨的時候，蔣經國知道大勢已去，民主浪潮的局勢已經起來，擋也擋不住，所以他就順水推舟；或者是他擋不住的潮流，他讓步。假如那時候美麗島政團在第二年……，臺美斷交之後，停辦選舉，不是永遠停，隔一年就開始選，選的時候，這些人還不是一樣再跳出來選。

所以國民黨在那一段時間把被告們分開來，分成軍法跟司法，簡單明瞭的講，目的就是打擊在野的政治勢力。打擊過了，把這八個人用軍法審判定罪之後，司法審判只不過是警告的作用，讓這些參與者有害怕、警告，這個完全是政治的目標，很清楚。

有一個問題就是說，在軍法大審他還沒有宣判之前，司法部分的他就先起訴，是不是有一個嫌疑就是，他把軍法大審還沒有宣判的一個結果，就拿來當作司法起訴的一個依據，這樣子的一個作法是不是有什麼可議之處？

當然是有可議之處。不過到最後要起訴的時候，他針對他起訴的事實，他就分兩個方向走，檢察官就會補一個程序，就是會訊問，把在調查局所做的筆錄再詢問一下，來完成他的確認以後，就來定罪。

藏匿施明德案：以十八世紀落伍的立法進行審判

所以司法部分大概就是這樣一個過程。——（答：對。）——那藏匿施明德案那個部分您是替……？

我是替高……——（問：高俊明。）——……。關於司法審判，在司法的辯護上，大概都是往妨礙秩序、傷害罪等等，妨礙違警罰法這些方向。而藏匿施明德案裡面，就是高俊明跟張溫鷹案。像這種案裡面，最主要就是把叛亂罪擴大，用懲治叛亂條例把刑法內亂罪擴大範圍，用檢肅匪諜條例擴大範圍。這完完全全是十八、十九世紀的立法。為什麼？因為十八世紀的時候，為了保障皇帝，要反對民主浪潮，所以對這種對抗皇權、皇帝的行動，把罪責範圍擴得很大。十八世紀民主浪潮起來，他們就把檢肅匪諜條例、懲治叛亂條例，像藏匿叛亂案等等，範團就是所謂的株連九族。國民黨都把這樣的法律延續下來。

後來到了十九世紀，就是一九〇〇年民主浪潮、民主國家以後，這些檢肅匪諜條例、藏匿叛亂這些都不存在了，還有言論上的叛亂，為匪宣傳的，通通不存在了。所以非常清楚，這些法律根本就是一個舊的……。[受訪者翻閱卷宗]那時候我還查出來，納粹時代的叛亂，還有對國家的不忠——就是外患罪——，他還把外患罪擴大成對國家的不忠；不是通匪才犯外患罪，而是連對國家不忠也把你打成外患罪。這個資料裡面，他們把損害國家法益的內亂外患罪的過去與現在做一個回溯，我又把那個時候蒐集到的資料影印起來，自己還念了一下。

關於叛亂罪的認定，最困難在哪裡？就是在心中的意圖跟陰謀犯罪。心中的意圖是沒有罪的，所以要來判定心中的意圖跟預備犯罪之間的界線非常的薄。關於這點，他們有很多的判例，我就把他們引據出來，從主觀、客觀的條件來加以區別。

回到本題，假如按照當時懲治叛亂條例裡面的為匪宣傳、藏匿人犯，在本案以前，他們甚至把一些為匪宣傳的案子以著手實施叛亂罪來判罪。比如以前我們查過一個判例，在警備總部的軍法庭，有一個香港僑民到臺灣來，帶一個香港的報紙，報紙裡面有講蔣毛主席萬歲之類的、豐功偉蹟的。那個報紙是包禮品送給別人，不是為匪宣傳，結果被當作叛亂罪的著手實行。

所以我們就可以知道，本質上在那個時代，也可能因為藏匿叛亂者——所謂的叛徒——

而被當作是共犯。所以在打混戰的情況下，國民黨必然將高俊明跟張溫鷹判罪；他沒有把他們打進叛亂罪，而打進藏匿叛徒的罪，但也是懲治叛亂條例。……尤其在納粹時代，冤獄做了好多。在威瑪憲法、王權的時候還沒有那麼嚴重，納粹時代最嚴重。

投入反對運動，一往直前，永不回頭

在藏匿施明德案子前，高俊明就發表一個……——（問：人權宣言。）——人權宣言，建立臺灣為新而獨立的國家。從那以後，國民黨就準備要抓他了，在找藉口，找很多的理由。因為國際的基督教團體對高俊明非常肯定而且支持，所以國民黨不敢動。等到藏匿施明德案件發生以後，國民黨就抓他。所以施明德在大逮捕中脫逃的時候，固然是施明德冒險，不過結果最後可以抓到高俊明，這可能是國民黨所樂見的。扯到高俊明是國民黨的目的。等於美麗島案一箭雙雕，除了把美麗島這些人抓了以後，把長老教會又打了一次。

不過有一點就是，國民黨雖然抓了長老教會高俊明，他還很勇敢，要長老教會繼續走民主人權的路，長老教會完全沒有讓步，還是繼續走，這一點很難得。高牧師讓人家尊敬也是因此，到現在的公投絕食，可以說是始終如一。

所以我就覺得說政治人物跟社會改革者，政治跟社會運動的反對者，必須要有骨氣。第一步踩出來以後，就永遠不回頭。要有這種氣派、心理準備，第一步才能踩出來。

所以那時候他們要選我當監察委員的時候，邱連輝就問我：「你現在還很年輕，而且你在德國的學術已經有建立基礎跟聲望，假如要當監察委員，走反對運動，這一路走出來，就永不回頭，是一個非常殘酷的、嚴苛的考驗。」邱連輝叫我審慎考慮，要不要踩出來？

我覺得像現在施明德講「抵抗壓力容易，拒絕誘惑難」也是一樣，無論是一個有形的威脅，或者是有形的利誘，做一個政治或者社會的反對運動者，都要始終如一，不能有所改變。我覺得所有的二、三十年的考驗，可能是終生的考驗，不可能而且也不必要在中間心裡有搖擺，就是勇往直前、永遠直前、直道而行，一直走，好像楊青矗那個「矗」，三個直相疊，直直走，你就直直走，不要去想得失利弊。

我當時組黨的時候，常講說：「買股票、做生意，都是會論盈虧、賺賠。你做政治絕對沒有盈虧、賺賠，只是正誤善惡之分，沒有盈虧得失之分，不要去想說這件動作是得到什麼、是失去什麼。」很多談政治的人也因此認為我們反對運動是一個沒有效率的團體。我們根本不是追求效率的團體，在這樣被壓迫的反對運動者裡面，絕對不能用成本效益來估計。如果要用成本效益來估計，那什麼問題都不敢面對。

「居陋巷，回也不改其志」，你說房子漏水，沒關係，還可以住，補一補就可以。像我太太說：「流浪狗也有生命，既然你八年縣長的時候，公館宿舍大，你可以容的了牠，你自己搬家是你自己的問題，狗跟你八年，牠們怎麼會知道你沒有縣長做，你自己要解決啊，陽臺、屋頂你要用一個狗窩，要給牠一個住的。」這個你就要想，一路走來，直道而行，自己的困難要自己解決。自己的順境、逆境，自己的成敗，你自己要負責嘛，你不能靠眼淚哭倒萬里長城，

去連累人，同樣的道理。我覺得高俊明，從我替他辯護到現在為止，他讓我一樣尊敬、一樣欽佩。［受訪者找卷宗，訪談中斷。］

為高俊明辯護：義務衝突

為高俊明辯護的最大原則就是他是一個宗教家。在西歐，尤其在納粹時代，納粹是最殘無人道的，要抓罪犯、政治運動者，但不敢動宗教家。我講一個例子，禮拜天的時候，他們知道有罪犯躲在教堂參加禮拜，這些保安警察、特務不敢進去抓人。你要曉得，德國的教堂圍牆沒有門，只是一個教堂的領域。只要在教堂的領域，特務不會踩一步進去，這是很重要的。禮拜天有一些罪犯也在裡面做禮拜，這些特務就四周圍站崗，萬一他從後門走，你怎麼辦。他也可以說人家做完禮拜以後只有一個門，他到門口去等，只要教堂的範圍他不會踩進去。

一個最大的原則就是說，全世界上，差不多就歐洲來講，所有教堂、廟寺在庇護任何罪犯的時候，沒有任何的官方——這幾百年、這幾千年來——沒有任何人跑進去，跑進去就是暴政。這是一個最大的原則。希特勒那麼蠻橫，很多的逃犯躲在教堂，他不會進去抓。

再反過來，日本有一個案例是，一個小孩去燒學校，把他同學燒死，躲到牧師家，牧師在跟他告解，跟他解釋，要他去懺悔、叫他去坦承自首。而還沒有到案之前，警察就在牧師家裡面抓他。後來這個案件變成程序不正義。這個案件好像叫做Tani-Tani案，你可以問教會的人。

後來為高俊明辯護的時候，我就掌握一個「義務衝突」的原則，就是「他作為基督教的教職人員，他非常瞭解上帝給予人類最大的誡命，就是你要盡心、盡性、盡義、盡力愛主你的上帝，其次就是要愛人如己，也就是沒有比這兩個誡命更重要。」愛人如己，在《新約》馬可福音裡面，然後「耶穌基督曾經在善意的撒瑪利亞人裡面也指示說，凡是需要救援的，不論他是不是同胞或者是異族，甚至不分他是同志或者是敵人，都要包含在人的被愛的範圍內。而且為了愛上帝的緣故而愛人，不做任何價值的判斷，也不為自己的利害而著想，只有知道他是需要被救援的人，並且認為他有必要憐憫的對象……」這些都引用了新約聖經裡面的馬可福音、路加福音、馬太福音等等。因此「基督教的教職人員面對著逃犯要求收容或者援助的時候，都是難以拒絕他的要求。這個時候所救援的對象，都沒有經過任何的價值判斷的，只考慮是否為純粹需要救濟的人。」這是一個。

那麼《舊約》的以西結書裡面，又再明說：「你對他們說，主耶和華說，我的永生啟示，我斷不喜悅惡人死亡，唯喜悅惡人轉離所行的路而活。」這是最重要的。今天就是施明德躲到高俊明家裡面，高俊明不能說：好，我趕快把他交給警察、交給警總。因為我不喜歡你施明德被判死刑，因為你以前有前科，但是我希望你能夠轉到你所行的路，你還能夠繼續活。「縱使惡人你應該給與救援，並為使他轉離罪刑而活。再者假若發現為逃犯者，基於教會兩千年來的傳統，教職守密的職業……」他有守密的義務、道德，「也不得向警方來檢舉，而應該要勸他向上帝認罪，並且向有關單位自首。」

因此，我就按照這些聖經理論推演、引伸出兩個問題：「第一，宗教的教職人員面對逃犯要求救援時難以拒絕，也就是難免要藏匿人犯。」這涉及到刑法學說上的期待可能性。在施明德找高俊明求助、求援的時候，高俊明一定會救助他。我們法律不能期待高俊明不藏匿、不幫助，因為這違反了期待可能性。

另外，第二個問題是：「宗教的教職人員職業上守密的義務，跟檢肅匪諜條例的第九條的告密的檢舉叛徒的義務是相衝突的。」他的身份是基督教牧師，他不能夠按照檢肅匪諜條例去檢舉。他不但要藏匿他，而且不能去檢舉。

那時候我判斷軍法庭可能會判他藏匿叛徒，另一種可能性就是他知道叛徒不檢舉。我們就先鎖定軍法庭的判罪方向了。「所以本件被告面臨救援要求的時候，基於愛上帝、愛世人以及幫助走頭無路的人乃是基督徒的本分等準則，毫無其他的選擇，不得已而設法為施明德找到暫時住宿的處所。依此心情，一般絕不期待他不安排施明德的住處。再者被告隨即多次堅決透過林文珍來苦勸過施明德要去自首。在他沒有自首之前，基於宗教家守密的義務，他也沒有告密的義務。退一步言，被告設法替施明德找到住宿的宿所，有違不得藏匿人犯的義務；未曾出面檢舉，有違檢舉叛徒的義務，也應該依期待不可能的原則跟義務衝突的原則來阻卻違法跟阻卻責任。」

我用期待不可能性跟義務衝突的方式來阻卻違法跟阻卻責任。就是從他基督教的牧師身份，跟他的所信仰的《聖經》，然後所引伸出來的，他有期待不可能性，有義務衝突，所以他應該不犯法。最主要主軸是這樣，這很清楚了嘛。

像這樣一個判例，假如創出來……，當然以前在戒嚴時代，他不會容納這個判例；假如現在的話，他應該會容納這樣的判例。所以我是覺得說，不解除戒嚴，所有的罪惡都由此而行；刑法一百條不解除，誤判、亂判的叛亂罪一大堆。我們那時候講說「叛亂罪不要亂判」，因為那時候都是亂判叛亂罪。大概最主要是義務衝突、期待不可能性，這是一個立論依據，其他就不重要。再來講張溫鷹嗎？

給受難者信心

請問一下高俊明那時候是怎麼樣的一個委任過程？

當時是一位教會的牧師，我認得，——以前我住青田街，青田街有一個商牧師，我也熟，也去做禮拜——他跟高牧師娘來找我。因為那時候大家都像驚弓之鳥，那麼我的處理方式是針對這些受難者，我思考要如何鼓勵他們有勇氣，不害怕，讓他們覺得對我們這種辯護律師跟幫助他的人也不害怕。有時候講，像他們這種政治受難者跟他們的家屬，他們會覺得說大家都怕他們，因為在以前戒嚴的時代，鄰居左右、親戚朋友大家都害怕，都跑了嘛。

所以那時候高牧師娘跟他的人來的時候，我還是很愉快、非常有信心，談笑風生。也許他們會覺得很奇怪，這個律師怎麼沒有跟我有同樣的憐憫之心？悲傷之感？我完全沒有，完全沒有給他們這種感覺，一定要非常有信心，打死都不退。我給他們的感覺就是：這是一個現代社會、現在的政治制度對我們的壓抑，打擊我們。不是高俊明犯罪，高俊明不是惡人。這個不是善惡對錯之分，這個完全是被壓迫，是好人、善人變成惡人。你們來找我辯護、委託我，我給你的就是這麼多信心。對我們的前途、遠景充滿著喜悅，我們沒有悲傷。

其實那時候我情緒是低潮，我覺得說這種案件辯護有用嗎？做白工而已，多出力的而已。那時候我的一念之差，說：不行，這個絕對要給他們一點鼓勵、一點信心。不能說好像母親抱著生病嚴重的小孩來找醫生的時候，她在哭，我跟她一起哭。反而我跟她講：「你這個很簡單，我跟你用藥、注射，我跟你治療一定會好，你回去就要按照我的指示。」

我那時候感覺為什麼大家認為我什麼也不怕？那個時候我個人有挫折感，有悲傷感，對他們的痛苦，我有身同感受、切膚之痛。但是我在外面絕對不能讓他們有那種感覺說，一個要保護他們、要為他們辯護的人怎麼已經無力、軟弱了？我當時表現出很強，一定幫你拼。

所以那個案件，高牧師娘第一天來的時候，他們也許覺得很奇怪，這個律師怎麼這樣子？談笑風生，砰砰叫［形容口若懸河］，很有自信。那時候我三十幾歲嘛，三十……六歲、三十七歲，二十年前，不吃也可以、不睡也可以，走路幾個小時也沒問題，爬山一山過一山。好，你再問什麼？哪一個問題？

為張溫鷹辯護

張溫鷹那一部份。

張溫鷹案的主軸是跟高俊明不太一樣。張溫鷹有幫他〔施明德〕做手術，我用義務衝突來辯護，因為她醫生的職責，至少她是一個實習醫生，所以辯護的方向從那邊來。

不過張溫鷹案裡面，一個辯護的訣竅是讓她……那時候張溫鷹家的家產好多都是張溫鷹名下。那時候替她脫掉一個法律上的沒收財產，後來她判決的時候，沒有判沒收財產。張溫鷹的案涉及到醫學方面也蠻麻煩的，傳證好多人，人家都不來。……〔受訪者翻閱卷宗〕

那時候，張溫鷹的案件假如被歸於叛亂的共犯、從犯的話，那就很糟糕。但是她沒有，我們把她脫掉了。她那時候先做他假牙的時候被抓，還沒有到變化他的容貌，就是光做假牙。還有她有自首，自首的話脫掉她的財產沒收。我還去提到說三軍總醫院，——他軍法審判我就拿軍醫院——，三軍總醫院牙科口腔復健的科主任有一個全部托牙的作法，在醫學上有它的依據，全部托牙的手術準備，墊高，用Silicon墊高他骨頭的牙基。所以我們就從她做假牙的方式來辯護。

我們訪問尤宏的時候，他提到，張溫鷹的媽媽曾拿一些香灰，請求你去把它灑在法庭上……

她灑的，我沒有灑。因為她是赤十字會的人，有一個佛教團體叫赤十字會，不是紅十字會，赤十字會的信徒，所以她是……。

你看這個我都有打字出來，草稿之後又再打字，因為我的字太草，叫我弟弟重抄一遍，還是叫我的助手抄之後再送去打字，所以尤宏還是貢獻蠻大，這辯護意旨狀還打字出來。

最主要的辯護主軸是，她為他做假牙，還沒有做整容就被抓了。關於她的辯護，最重要的，在醫學倫理上，她不能夠洩漏秘密，這是最重要的原則。還有最主要是自首，我們特別提到說她有自首，所謂自首要被抓的時候……她不是說自動去告施明德，而是抓了施明德以後，發現說他有做假牙、有做整容，那時候還不知道誰幫他做的時候，她就講說「我做的，這個是我做的」，她蠻勇敢的。她不是去檢舉施明德，她是挺身而出，而不是為害怕去檢舉，這一點的自首是不一樣。她是挺身而出說這個是我做的，所以她就又合乎自首，她正好又誤導誤撞就……達到她的自首。所以是自首投案的。

那時候跟她對談的時候，我們就有一個……，——因為她講話蠻快的——對談的時候，我就啪啪啪寫下去，寫好能夠為她辯護的一個點。其實張溫鷹那個案子我辦的很成功，當時他們的財產都被沒收，只有她沒被沒收。因為張溫鷹的媽媽很疼愛這個女兒，差不多她們家的財產都過到她的名下，那時候最怕如果一下都被沒收，就糟糕了；如果被判關三、五年，反正警總就是要關她，你怎麼樣他都要關妳，財產沒收。那個時候宣告財產沒收，你缺錢不能去辦抵押，那對家庭影響很大，尤其是做生意的人。所以張媽媽可能對這一點最高興。而且她不是去檢舉施明德，去自首；而是施明德被抓了以後，情治單位找不到誰幫他做假牙整容，她去挺身而出。所以是一個義俠。所以辦這個案件裡面，認識臺灣人的人性還算不錯，不要有失望的感覺。

思考與反省

請您談一談對「軍法大審」、「司法審判」及「藏匿施明德案」這整個審判的想法？是否影響了您日後從政的決定？以及您對反對運動的反省？

我認為……可以說一個人政治參與的決定不是因為一個事件，也不是一個時間就做決定的。長期以來，我讀政大法律系的時候，就對政治思想非常有興趣。到現在也是一樣，我的律師事務所裡面，政治思想的書還是擺著，隨時看。我大學的時代，對政治思想的書、對政治思想的啟發，然後到我到德國去看到歐洲的……，像葡萄牙、西班牙、希臘，他們從威權、獨裁統治轉型到民主，對臺灣鄉土的熱愛，我們認為臺灣應該讓它轉型，成為民主國家。要成為民主國家，必須要非常密集的、而且更多人參與政治的反對運動，最根本上是這樣。

還沒有發生美麗島事件的時候，我就在《美麗島》雜誌裡面投稿〈論抵抗權〉、〈淺談人權與法治〉，那時候早就挺身而出了。而是因為當天我在文化大學的法律研究所要上課，不然也許我就會去了。我假如去的話，又是〈論抵抗權〉的作者，又在現場。在現場參加的情況之下，我一定會參加遊行，也許會參加拿招牌、也許會拿火把。假如是這樣，不是軍法就是司法，一定跑不掉。聽說他們裡面也七百六十幾號是要抓我的號碼，警總資料裡面有，在查卷的時候好像有我的號碼，要抓的人的號碼，後來沒有抓。那時候我確信就是，雖然在美麗島高雄事件我不是現場參與者，但是在《美麗島》雜誌中，我是一個作者，一個參與者。

到事後的辯護以後，讓我更深深的覺得，臺灣的政治反對運動不能夠跟人家求情、搖尾乞憐，要人家同情、可憐。我們要反過來，該我們的權利，應該要積極的參與，積極的要求，積極的主張，這個才是一個勇者、智者，才是一個負責任的人。

所以在我們這一代裡面，我非常高興在這個轉型上出了力。從美麗島事件、《美麗島》雜誌的投稿、到美麗島的軍事審判辯護、到民主進步黨的組黨、到以後的參政，我一路走來，始終如一，一點沒有改變，不像有些人喊口號，變來變去的，我參加唯一的黨就是民主進步黨，沒有參加其他任何政黨。

在我們那個年代，政治大學的學生，在大學四年以後，進去時不是國民黨，至少出來的時候百分之九十都變成國民黨。我是裡面的少數，稀有動物。我一點不改變我的立場。你問問看那個年代，讀政治大學的，從那邊四年染缸染出來的，可以出淤泥而不染的，我看我是可以挺身地向社會講「我是勇敢的臺灣人」，我一點都不退卻。

甚至我剛回來的時候當律師，有一天調查局的人進來找我，說要澄清幾個點。我說：「今天我這是律師事務所，你要找我請教我法律意見，我是收費的；你假如要傳訊我的話，你拿傳票來。」因為我的職業是律師，你對一個律師問案的話，不按照合法的程序，是侮辱我律師的行業。你對律師都敢這樣來傳訊了，你對一般人民更可以抓人，可以問話。我說我堅持民主這個原則，我就問：「你是要來請教我，我一個小時多少錢；你要來傳訊我，傳票拿來。」後來調查員就回去，他以為這樣唬我一下，我就會減慢我的腳步。但是我一點不退卻、一點不害怕，我覺得我為所當為嘛，我該怎麼做就怎麼做，我何必怕你，誰怕誰，我就覺得現在沒有什麼改變。

不過，在美麗島事件以後，讓我更覺得說，去向人家求情，要求同情、去悲傷、唱哭調，不如投入冒險，跟追隨這些前輩、前進者的腳步再繼續努力，不要讓它有斷層，不要讓它斷掉。所以美麗島事件以後，為美麗島事件辯護的那十五個律師開始投入政治。

我記得六十八年美麗島審判，六十九年又恢復選舉。本來我想到高雄縣去選立法委員，後來沒有選。那個時候十月初，我們十五個律師在兄弟飯店吃飯，差不多十四個律師都反對我參政。他們說，第一、參政的話，那張嘴就要「囉囉講」，你不是那種人，你不像現在那些後生晚輩那種「囉囉講」的人。而且你也沒有那個錢可以花，萬一選失敗，剛好讓我們這些律師都沒有面子，要慎重，大家愛惜你。那十五個律師，除了我以外，大概十四個都反對，他們是愛惜我，怕我失敗。

沒有想到邱連輝、周滄淵、余陳月瑛、何春木跟傅文正他們愛惜我，所以在省議會把我推選出來，當了監察委員。邱連輝說：「你這個是要很慎重考慮，你還年輕，你一步踩下去就是一輩子的事。」我說：「我甘願，拼一輩子也不也退縮。」

現在回想起來，這二十年來人生的各種際遇，把我人生最青春年華、最有創意的、最能夠吸納、最會讀書、最會寫文章的時光通通奉獻出來了。所以現在再回過來，又要從新開始了。要是沒死掉，還有十年、二十年。所以我是覺得現在又回到做律師，我需要有多的時間來看書。不過現在有一個好處，就是用電腦查，補資料，我最近補了很多資料，以前都要買書，現在判例的資料補得很容易。現在臺灣的大學圖書館，書也慢慢多了，大概我可以少買一些，不然買了放在一邊，我太太就又丟來丟去。這些書我都還撿起來，不然都沒有了。

我覺得，對現在反對運動的亂象，不要害怕、也不要失望，因為多元的社會必然是黨外有黨，黨內有派。多元的社會反應在政黨當然是多元的政黨，政黨就是一個社會的鏡子。現在有五、六派沒有關係，但是每個派必須提出看法、必須要對你的黨、對社會負責，人家還是要評斷的。所以我覺得，現在無論是內部總統候選人之爭，跟未來選舉的派系之爭，這些不要悲傷，也不要失望，反正這是必然的亂象，亂中有序嘛。

民主就是亂中有序，民主不是軍隊，不是獨裁，叫人家來排隊檢閱。譬如古代羅馬是最單純的，人又少，也有那個亂象。現在又更複雜，現在的資訊又更複雜，人的頭腦裡面有歐洲的、有美國的、有臺灣的，所有各行各業每個人的立場不同，職業已經都多元化，社會多元化。多元的社會反映出來一個黨內的派系，壁壘分明，紛爭複雜，這是必然的。這些是必然的競爭，必然的作法，不要去悲傷，到最後還是定於一嘛，最後推出一個候選人。推出候選人之後，就是選勝、選敗而已，是這樣而已，這也沒有什麼悲傷、悲哀。

現在臺灣的問題，其實不是左右之爭，是統獨之爭，統獨的問題。臺灣的公共政策沒有什麼左右的問題，最後還是統獨之爭。對於反對運動，目前你要來做的就是百分之十的統，百分之七十的獨。但是這個數目不是很少，這個數目百分之十裡面做軍人的、做警察的蠻多的，他手中握有武器的。而百分之六十的人是徒手的，赤手空拳的。要如何能夠有適度的妥協？這是要很大的智慧，能夠挺身而出。

所以我覺得，我很佩服施明德、許信良，他們可以自成一家之言。做一個政治人物裡面，要對自己的判斷負責，講出話，不要去計較這成果對自己有利無利，這一點是施明德……比如他的金馬撤軍論，到最後他還扯出來說尤清撤軍論。事實上我更早的時候就認為金馬駐軍可以撤到只剩下駐軍八千，從八萬撤到兩萬，兩萬撤到一萬，撤到剩下八千，甚至撤到四千。軍費減少以後，在那邊蓋大學、蓋工廠，成為可以容納兩岸和平的橋頭堡。我那時候在立法院也是這樣說，但是不是在選舉的時候說，因為選舉的時候敏感。

現在金馬撤軍變成一個敏感問題，對岸大磴島變成臺商的採購站，反正他[中共]牌一個一個打，我們手上還握著牌，慢慢以後他們牌打，我們變成沒有活牌了；你一直守住你的牌，結果人家都已經推倒胡了，你還在等紅中或者等白板，哪裡有可能？所以如何在兩岸……現在的問題，臺灣反對運動的瓶頸在哪裡？無論是在兩岸的、或者是國內的公共政策方面，我們沒有提出一系列政策出來。就算提出來，也過份的簡單，應該要能夠更有實施的可能性，這是很大的瓶頸。你把兩岸也當作一個公共政策嘛，也可以把兩岸的政策當作優先來考慮、來處理。照我看來，臺灣要向前走，沒有那麼悲哀。

—訪談結束—

訪談尤宏

受　訪　者：尤宏
訪談研究員：黃建仁
攝　影　師：柯能源
訪問地點：高雄縣鳳山市尤宏服務處
訪問時間：一九九九年三月三十一日下午
文字整理：郭美芬、黃建仁

※編按：楷體字為動作、訪問者發言。

高雄事件的前奏

謝謝尤先生接受我們的訪問。我想一開始請尤先生談一下，當時高雄事件之前，您因為擔任尤清律師的助理，也跟當時的黨外人士有所接觸，在那段時間的接觸是不是請您先談一下？

好的。談到高雄美麗島事件本身之前，要先認識這些我們所尊敬的黨外前輩。像林義雄是當時的省議員又是律師，姚嘉文也是律師，張俊宏是省議員，他們都是我們景仰的前輩。我們家是一個政治世家，我爸爸以前當過縣議員，所以很自然對政治人物充滿景仰。剛好事件之前，當年的八月，尤清也為吳哲朗的「潮流事件」[1]做辯護。

我想「潮流事件」帶動當時整個言論自由的一個氣氛，因為「潮流事件」本身就是一個言論自由的事件。尤清在德國對政黨法跟憲法的研究很深，所以當時尤清受聘為「潮流事件」的吳哲朗、陳婉真做辯護的時候，也激起了黨外追求言論自由的決心。因此，「潮流事件」是一個起點。不久，尤清寫了〈論抵抗權〉的草稿，我把它謄過以後，九月多將草稿交給當時《美麗島》雜誌社的社長姚嘉文律師[2]，因為他一直催尤清，無論如何要等到尤清將這篇稿交給他

1 潮流事件，一九七九年八月七日，熱衷黨外活動的臺中市民陳博文遭逮捕，理由是私印《潮流》同時被捕者有明輝印刷廠老闆楊裕榮。八月二十三日，《潮流》負責人吳哲朗說明承擔責任後，陳博文、楊裕榮、吳哲朗三人交保。

2 《美麗島》雜誌社社長為許信良，姚嘉文律師為發行管理人兼編輯。

以後，他們才截稿。當期好像是十月還是十一月份的《美麗島》雜誌，以尤清這篇文章做主軸，談到對一個不義政府，人民有行使抵抗權的權利。也就是因為這篇稿刊登以後，讓當時美麗島的前輩們更積極利用這篇稿做為理論的基礎，對當年的國民黨政府提出更激烈的批判。更到各處去散播、傳達美麗島當時黨外的理論，變成到各個縣市成立服務處。

服務處成立過程中，比較接近美麗島事件的，是十二月八號屏東服務處的成立。因為這個公開演講是歷年來尺寸比較寬、比較激烈的一次，也吸引了南部廣大的鄉親去屏東聽演講。演講過程中，當年的情治單位在當場有一些干擾跟騷動，事後也發生一些小規模的衝突。

隔天，十二月九號，他們到警總抗議，警總將陳情的鄉親毆打和逮捕，而發生「鼓山事件」。也因為這樣，更激起十二月十號原先預定在高雄所舉辦的那一場演講會，藉著鼓山事件而帶入最高潮。

我想，美麗島事件前後的因果關係，就是從「潮流事件」試圖打破言論自由，到尤清在《美麗島》雜誌發表的〈論抵抗權〉[3]做理論基礎，到各地的服務處成立。就是說，將當時言論的尺寸，透過靜態的政論書籍變成動態宣達的方式，也鼓舞了美麗島事件所有參與人員。更讓言論受到很大禁忌的臺灣鄉親，透過這種言論的宣達，而激起對於當時禁忌的突破。所以整個是很自然的、串連式的影響。

3 〈論抵抗權〉，尤清著，《美麗島雜誌》第一卷、第二期，頁七九～八一。

潮流事件：尤清在辯護中宣揚言論自由的理念

想請問一下，當時「潮流事件」發生的時候，是誰來跟尤律師接觸？

「潮流事件」發生以後，吳哲朗的朋友來找尤清律師。因為尤清在德國留學的時候，曾參加臺灣同鄉會，對於本土的熱愛和關心是一直持續的。回到國內以後，他就對組黨、言論自由這些議題寫了一些論文試圖發表。剛好「潮流事件」發生以後，尤清認為，這是他打破言論自由這個禁忌最好的機會，所以毫不猶慮的接受聘任，從「潮流事件」的辯護中，闡述如何透過憲法保障人民言論自由的論點，希望打破臺灣這些言論自由的禁忌，包括組黨、報禁的開放等等。也就是說，透過一個事件，去陳述當時政府對於箝制思想、箝制言論自由、組黨或是結社的禁忌。所以，他是透過這樣的辯護過程，去宣揚這樣的一個理念。

尤清對黨外活動的關心

就您從旁的觀察來看，尤律師在剛回國的那段時間，一直到高雄事件之前，他本身那種對於黨外活動關心的表現，主要是在哪些方面？

尤清在「潮流事件」之前剛回到國內不久，一方面在大學當副教授，一方面當律師。他也寫了一些文章在各地發表，闡揚組黨……等理論。所以很自然的有一些黨外的朋友找到尤清，當然有些是透過朋友的介紹，剛好有《美麗島》雜誌這樣的園地，讓尤清去發表論文。

與黨外人士的認識

在那一段時間裡面您跟尤律師……——（答：我當他的助理。）——，您跟當時黨外人士是不是有什麼樣的交往？

當時我剛服完兵役不久，社會的歷練比較差，而尤清也從西德留學剛回來，我們常常在當時的雜誌拜讀了前輩們的大作，再透過朋友的引見，慢慢的跟他們接觸。尤其尤清又當律師，很自然的跟林義雄、姚嘉文比較有接觸。

為尤清律師事務所的公共政策研究室蒐集資料

尤律師在當時他的事務所裡面成立了一個公共政策研究室，不知道說當時您是不是也有負責幫他蒐集資料？

當時尤清剛回國，對於國內的公共事務比較生疏，所以要我去蒐集這方面的資料。不過當時還沒有踏入政界，只作為認識臺灣的參考。我非常敬佩尤律師對這方面的關心，而且買了很多書籍。他看書速度也蠻快的。我常常受他要求到臺北重慶南路去買書，當然也包括黨外雜誌，如張俊宏跟林義雄的《大軍壓境》等，都是我們所蒐集的書。

當時就有收藏？

對，我們收藏這些黨外雜誌和書籍，大都是尤清回來以後才開始。尤清回國之前，我剛服完兵役不久，當時我在臺北任職，常偷偷去買黨外書籍[笑]……，老實講，以當時的氣氛，我們都是偷偷去買[笑]……。所以尤清回國以後，更進一步去蒐集這些書籍，做為我們瞭解臺灣的參考。包括政治、經濟的，跟其他方面的書籍。

當時蒐集那些資料，有沒有比較明確的目標？或者只是研究用而已？

當時當然沒有想到美麗島事件會發生。因為尤清留學回國後，從事律師的工作，也從事教職。基本上，尤清是對臺灣的關心跟用心，所以要我去蒐集一些書籍，包括經濟、法律、政治的書籍，尤其美麗島事件之前的一些黨外政論雜誌。

我們去買書的時候都不是一次就可以買到，必須每個月、每個月都去買，讓老闆認為你是一個顧客，不是調查人員或警總所扮演的。我去買書時，也拿名片跟他們講：我是尤清律師的助理，我們是希望透過這些書籍來瞭解臺灣。記得在重慶南路一個書店老闆滿謹慎的，滿緊張的，看到陌生人要買黨外書籍，就說：「沒有，有都在書架上。」其實他偷偷藏起來。等到熟了以後，每期他都會特地幫我留[笑]……。那時候的氣氛，我們要去蒐集這些書籍也蠻辛苦的。我們也非常感佩這些作者、出版社跟販售商。日後尤清和我創辦《博觀》雜誌，也編撰政論書籍，所以這樣一個辛苦的過程，我們體認蠻深的。

您剛剛有提到就是高雄事件前，屏東服務處跟鼓山事件，當時您是聽說的？還是您有到現場？

這兩個事件的地點一個是在屏東，一個是在高雄，地緣上的關係，有一些朋友到現場聽演講，因此透過報紙的、或是朋友的描述，我們對於這兩個事件也知道得蠻多。

尤清的文章引起情治單位的關心（一）

尤律師在《美麗島》有兩期發表過文章，有沒有因為這樣的關係，使得您在擔任他助理時，受到情治單位的干擾或是關心之類的情形？

我想很明顯的，以當年的氣氛，發表這樣的文章，自然是情治單位（尤其當年的警總）注意的對象。我有個同學當年在調查局工作，跟我非常好，他從高雄調到臺北，很自然的就來找我。常常在他工作之餘，到律師事務所來跟我聊聊天。當然我也知道他的身份，但是因為我們非常坦然面對當年的氣氛，所以我不避諱跟他聊一些我的看法。基於同學的關係，我比較不忌諱他的身份。

不過尤清曾跟他講：「你在調查局工作，有你的任務，你跟尤宏是同學，我們希望你在呈報的過程中，能夠客觀的評述。」我所瞭解的就是，這個同學的父親曾跟我同學講：「你跟尤宏是同學，尤清等於是你的大哥，如果因你歪曲事實的評述，讓尤宏兄弟因此遭到迫害的話……」他要跟他兒子斷絕父子關係，讓我蠻感動的。當然也因為尤清發表這兩篇的文章，引起警總相當大的關心，試圖透過許多周遭朋友來瞭解我們的動態。以當年來講，尤清是被監視的一個對象。

高雄事件當天，尤清與黃越欽保持聯繫

當天尤清沒有到高雄參加美麗島這場聚會，因為在文化學院法律研究所上課，他跟研究所同學約好，不能缺課。尤清身為一個博士，他希望能將所學傳達給學生，所以非常認真教書。我所知道的是，黃越欽透過他夫人來電話取消當晚晚餐的約會，也跟尤清談到一些高雄緊張的情況。

雖然沒有下高雄，不過我們一直密切關心高雄事件整個發展。當時大概是從七點鐘開始，演講會開始，在演講會的過程中，情緒非常高昂，相關單位也要演講會不要繼續，一直在阻擋，沒有成功。這段過程中，施明德和姚嘉文進進出出當時的第一分局，就是離演講地點大概幾十公尺的新興分局，在做溝通的工作，而演講繼續在進行。警察單位不讓他們演講，希望他們提早結束。我想這些可能要請施明德描述比較清楚。我所瞭解的就是，當時尤清跟黃越欽保持了一個很好的溝通管道，就是瞭解整個高雄事件的一些動態。

尤清的文章引起情治單位的關心（二）

您剛剛提到您有一位調查局的同學，是什麼時候的同學？

高中時候的同學。

您也提到說當時因為尤清文章的關係，也遭受到一些周遭朋友的壓力、關心，那是什麼樣的詢問或關心，在當時？

在當時，因為文章提出以後，我想調查局或是情治單位，包括警總，他們會透過尤清的同學、朋友來關心尤清，有人叫尤清好好做他的律師，不要去發表文章等等。甚至我媽媽也打電話來。我媽媽會打電話來，大概是因為有一些人跟我媽媽講的緣故。

在當時來講這種情況是難免的。

難免，以當年的氣氛來說，他們會透過不同的管道來施加壓力。非常明顯的就是，我媽媽特別從高雄打電話給尤清……，總是父母嘛。我爸爸四十八歲就過世了，尤清剛好在服兵役。所以人家去告訴我媽媽的時候，我媽媽也蠻擔心的。以當年的氣氛來說，甚至文字獄都有。尤清也跟我媽媽講「放心啦，不過是一些文章而已。」這些文章是以讀書人的良知來講的話，尤清的想法是認為應該不致於用文章抓人。

研判警總將進行逮捕，開始準備辯論

當年如果尤清去高雄參加集會，也會成為日後受難者之一。也因為尤清沒有去，由受難者變成辯護律師。高雄美麗島事件當晚，我們一直留在事務所，透過收音機也聽了蠻多的（好像警廣也有做一些報導），可惜當時電視沒有實況報導〔笑〕……，不過收音機倒是有零星的報導。事件發生時，我記得尤清告訴我：「國民黨一定抓人，一個歷史時代來臨了。準備辯論吧！」所以尤清就要我隔天到三民書局，還有重慶南路的書局去買一些軍法辯論的書籍。尤清告訴我：「警總會出手，警總出手抓人，就是軍法審判。」隔天報紙就報導非常詳實，報導這些美麗島的暴民（報紙一直這樣子說），對國家秩序的妨礙等等，都是一些非常嚴厲的指責。所以隔天的報紙到以後的報紙，都變成我們辯論的參考資料；這些資料所詳述的包含美麗島這些前輩們聚集在美麗島雜誌發表記者會。以記者會的控訴跟當時的氣氛來看，尤清更確定警總一定會抓人。

好像有尤清的朋友問說，尤清發表〈論抵抗權〉，是不是會遭到逮捕？尤清非常坦然，他說：「如果因為這樣子被抓，也是一個歷史的見證者。」不過尤清確信，只有寫文章，沒有到現場去，所以不會抓他。但是這個歷史的使命來臨了，所以尤清就準備為他們辯護，他認為雖然不在現場，不過他有這個義務挺身而出，透過法庭的辯論，將打破言論自由、組黨的禁忌……等等，在法庭上去把他陳述出來。

大逮捕開始，風聲鶴唳

高雄事件發生之後，國民黨當局在十二月十三號開始逮捕，我們知道十三號那天是不是您有接到什麼方面的消息，關於尤清律師的？

因為尤清很坦然的面對，十三號當天，他還是照常到律師事務所，他說如果要被逮捕的話，也應在律師事務所。尤清不願意去閃避，也做相當大的準備。尤清告訴我說，如果他被抓，要我們去找他的律師朋友，準備辯論。雖然自己很確信應該不至於被逮捕，不過尤清有被逮捕的心理準備。

第二，他有當辯護律師的準備。當天尤清待在事務所，陸續接到有些人被逮捕的消息，電話一直不斷，聯絡這些、聯絡那些。在逮捕的過程中，有些人還沒有回家，不曉得是不是被逮捕，直到被逮捕的都已經確定了，只剩下施明德沒有被逮捕外，其他的人都很坦然的面對逮捕的行動。

許榮淑與尤清接觸

尤律師有提到說十三號逮捕當天晚上，許榮淑就來到事務所？

對，我想是這樣子，因為尤清有一個鄰居叫吳嘉邦，他跟張俊宏是南投同鄉，當他的助選員，所以許榮淑就透過他來找尤清。因為我所瞭解是，尤清在大逮捕那幾天，每天到事務所來，他不願離開，甚至不願遠離臺北。一方面就如同我剛剛告訴你，他有心理準備被逮捕。另一方面就是準備做辯論，這樣子。

也就是說當時許榮淑她透過吳嘉邦……？

她透過吳嘉邦先生來找尤清。林義雄、姚嘉文這幾位都被逮捕以後，尤清趕快聯絡了一些律師朋友，像江鵬堅、張政雄律師，還有陳繼盛律師，就是臺北律師公會「比較法學會？」的成員。大概有的已受到委任，有的還沒有。

大逮捕以後，就開始做研究工作，還有準備辯論，更做一些營救工作；包括透過當時的一些組織，比如國際特赦組織，因為尤清留德，有一些外國記者朋友。也透過律師公會去瞭解人被帶到哪裡去了。在法院部分，他們說沒有逮人，原來就是警總去逮人的。所以就很確信，當時尤清的判斷沒有錯，以當時的戒嚴時期，主導的應該是在警總，而不是當地的警察或司法單位，所以就如同美麗島事件發生以後，尤清所說的，可能要準備做軍事審判的辯論。

陪同尤清南下履勘現場

尤律師有提到，十二月十七號剛好一個機會下高雄，陪他的朋友來高雄玩，那段時間裡面，他也利用機會跟您在高雄事件現場勘驗，還有測量道路什麼之類的，那個過程是不是請您描述一下？

我們前後有兩次到現場勘查。第一次是我陪尤清到現場。剛開始辯護律師團還沒有組成，利用返鄉的時間，我們到現場勘查。我們有兩個指標，一個是透過當年的報導，我將所有報導整理以後：「幾點鐘在哪一個地點，從怎樣的路線……」，路線圖也都畫出來，再找一個當時在場的高雄朋友帶領我們到現場，我們走了人行道、斑馬線，現場從頭到尾走一次，我跟尤清拿了米達尺測量現場道路的寬度，也用照相機照了一些現場的地形。第二次勘查現場是辯護律師團組成以後。

發生衝突時，木棍與其他器具的來源

在勘查過程中，我們發現瑞源路路邊有一家木材行，木材行外面有些木棍。這個木材行是一棟平房，有一部份木棍堆在人行道上，一部份放在裡面。老闆跟我們說，當天他們遊行經過木材行，木材行的木棍被搬走很多，他們把這些木材做為跟警察對抗的一個工具。

在木材行斜對面有一個工地，好像在蓋透天的房子，一樓有一些模版。當時不像現在有這麼好的建築技術，所以有這些模版，用木頭把模頂在天花板上，上面才可灌漿。這些木棍去頂這些模版的時候，一定會用鐵釘去固定。所以這些釘模版的木棍被拿走很多，能夠被搖晃的、被搖動的都被拿走，這些拿走的木棍上面還留有一些鐵釘跟水泥，這些就是軍事法庭的證物。我們看到以後，就照相、取樣。

所以當天與警察發生衝突的人並非預謀拿武器去做為跟警察相鬥的工具。像這些就是日後辯論的依據。我們到現場勘查，還包括現場描圖的製作。

事件當天，在有限的空間上，聚集了那麼多聽眾，鎮暴車從四面八方緊縮壓過來，以當年臺灣百姓、群眾都沒有看過什麼叫做鎮暴車，也不知道什麼叫鎮暴隊形，警察拿藤條[警棍]打盾牌的動作非常驚人，「碰、碰、碰」這樣子，試圖用鎮暴隊形去把聽眾趕離現場。還有鎮暴車，行駛中發出極大的聲音。都是讓群眾第一次看到的隊形跟景象。當然鎮暴部隊是想用這方法驅離群眾，但是群眾不曉得這叫做鎮暴隊形，也第一次看到。所以在發生衝突過程中，鎮暴警察拿藤條、拿盾牌要驅散群眾。

在鬥毆的過程中，有些群眾就地拿人行道的鐵欄，當時的中山路跟大同路，那條是中山路，還有大同路附近的人行道上，為了防止行人直接從這邊通過到那邊，只讓你走斑馬線，所以人行道都有用一些鐵條，你知道，是這樣子的一種鐵條……——（問：有點像半圓形？）——對對對，[受訪者在紙上畫出隔開人行道與馬路，分隔用鐵條的形狀]鐵條，這個是人行道上，這些鐵條是這樣子，或許這邊是一個斑馬線，十字路口上面的鐵條。聽他們講說這鐵條都被……，——（問：拔起來？）——被拔起來，拔起來做為抵抗軍警的工具。所以這些都是日後在法庭上所謂暴民毆打警察的證物。

這些也是當時辯護律師在現場勘查以後，由鄉親，或是木材行的老闆等等描述出來，證明他們不是有計畫要來造成這個事件的。

來自親友的關心

大逮捕之後，到軍事法庭起訴八名被告，這中間有兩個多月。這段時間裡面因為一方面施明德逃脫，一方面媒體、報章雜誌媒體不斷的把這個高雄事件……——（答：渲染成一個暴亂、暴動、叛亂……。）——對，這個過程會不會造成尤律師或者您接辦這案子的困擾？或是壓力？

當然是有啦，很顯然的，包括我媽媽也到臺北來。當然警總應該也會透過一些親戚朋友去跟我媽媽講，我爸爸四十八歲過世，尤清是長子，加上這些從報章雜誌這樣的報導描述，可能辯護律師也會有事情，何況尤清是〈抵抗權論〉的作者。他們有些不一定是情治單位委託來講的，是因關心跟尤媽媽談到這方面。我們都知道天下父母心，我媽媽也曾經到臺北來，跟我跟尤清談到美麗島事件。當然做媽媽的人比較擔心是不是因為做辯論以後，就像當年林義雄跟姚嘉文幫郭雨新辯論以後，由辯護律師變成被告。所以我媽媽也會有一點擔心。

不過尤清一直安慰媽媽……，當然這是對父母的安慰，對媽媽安慰說：應該是不會有事，他只是一個辯護律師嘛，雖然他有寫過抵抗權，但是這個都是很普遍，在國外這都是一個名著，或是一個很普通的思想概念。

不過尤清的堅持也不受自馬克思影響。那時氣氛比較緊張，對我們來講，壓力也比較大。不過尤清還是堅持。因為這些前輩都勇敢的用身軀來抵抗警察的棍棒，捍衛臺灣這片土地，從言論自由、組黨結社自由開始。透過這些前輩失去的自由、犧牲，要建立臺灣將來的理想。身為一個辯護律師，如果連這樣都不敢辯護的話，有愧於生在臺灣，有愧於他讀那麼多書。這些都是尤清跟我媽媽講的。

最後我媽媽還是接受尤清的看法，因為我媽媽認為，不管怎樣，尤清他自己做判斷，我媽媽也相信尤清的判斷。所以我媽媽只要求我們多保重，平常不要往外面亂跑，或是被一些比較激進的份子……，因為當時有一些很激進的人試圖對我們不利，所以我們在律師事務所、在家裡，和出門的時候都更加小心。平常我們搭計程車，不過那段時間好像有朋友幫忙接送，這樣比較放心，因為我們不知道計程車是不是相關單位的，萬一把我們載到不知名的地方怎樣……。以當時氣氛來說，壓力蠻大的，因為這些前輩們用他們的肉體、自由，試圖來改變臺灣、試圖讓後代能夠過的比我們這一代好，所以我們沒有逃避的理由，而且堅定地要來營救他們、為他們辯護。

辯護前的準備工作：閱讀被告過去的著作

陳繼盛律師做總召集人，他不是辯護律師，他是當時律師公會的常務理事還是什麼，非常熱心，也有這樣的愛心。

他有採取什麼樣的……

就是在他事務所裡面……，——（問：律師在那邊開會。）——對，辯護律師很多時間都在他那邊開會，研究一些對策。

當年二月二十號起訴，在起訴前，有不少被告都還沒有……，——（答：找到律師。）

——對，您這方面因為幫張俊宏辯護已經算確定，不知道在那段時間的準備過程，除了勘驗現場以外，還有沒有其他的重點？

起訴之前，他們都還在軍法看守所。那時有一陣子禁止接見，那我們怎麼辦？人被關在軍法處看守所，也見不到他們。所以這段時間跟家屬密切聯繫，尤清事務所常常是家屬聯繫的中心，而陳繼盛律師事務所是律師團聚會的場所。當時有一些被告（受難者）還沒有確定律師，所以陳繼盛律師就召集這些律師做一個分派，甚至有些律師還提供資源，提供辯護技巧跟一些研究的team。以當年的氣氛，實在非常感謝有那麼多律師願意來做支援的工作。

除了尤清確定是張俊宏以外，其他的，像江鵬堅幫林義雄，陳水扁幫黃信介。因為張俊宏是美麗島的理論大師，而尤清對這些理論比較有興趣，所以就幫他辯護。透過理論、辯論來談到底是不是叛亂。所以他們在安排律師的過程中，哪些應該是幫誰辯論，譬如說尤清很確定了他認為應該幫張俊宏在理論上去做辯論；而林義雄，像江鵬堅他們就是林義雄律師的同事。這些都做一些安排。

當年在找尋律師的過程中，因為許多人都還沒有辯護軍事審判的經驗，所以尤清、陳繼盛跟幾位律師，我們就再去找一些軍事審判的例子，或是一些資料，作為準備的工作。

當然，這段時間不斷的在接觸家屬，一方面安慰家屬，一方面是請家屬提供資料。像張俊宏的一些論述，都是許榮淑提供的，他的書籍，發表的立論，從這些書籍裡面才能研究他的思想。因為他們這些人都在看守所，不能接見，所以我們能夠做的就是，尤清趕快去吸收、去看被告的著作，尤其像張俊宏過去的一些書，請許榮淑將他所有的文章，能找到的，都提供給我們，我們都希望是這樣子去做。

送衣物、書籍給被告

我們知道當時有一些家屬，在被告被逮捕之後，馬上就到軍法處想要送他們衣物……，——（答：對。）——那個時間您因為尤清已經確定幫張俊宏辯護，您也有陪同……？

對，我當時也陪了許榮淑，還有張俊宏的哥哥還是弟弟，我們幾次試圖給他們送一些書、送一些衣物，還有盥洗的衣物，結果好像有一些被拒絕，有一些他們就說「我們幫你們轉達」。因為我們都見不到比較高層次的人，只能送一些衣物，而一些書籍好像都不准拿進去。

家屬們在尤清事務所聚會

您剛剛提到尤清律師事務所，當時等於是家屬聚集互相支撐……。

互相支撐、互相探討。比如說像周清玉、許榮淑，還有林弘宣的太太林黎琤等等，好幾個人，有時他們約在尤清事務所，大家碰個頭，相互探討一些消息。所以當時尤清事務所是家屬常常聚會的一個地點。到了晚上，律師們就在陳繼盛律師事務所那邊研商一些對策。

透過管道瞭解被告的情形

就您的觀察，您覺得當時家屬們有沒有一些期望？或者他們營救這些被告的管道？因為一些資料有提到，當時有些人會去跟比方說胡秋原委員請願，或者透過認識的……，——（答：委員。）——對，去請願？

我想，在事務所，家屬會談到認識的一些委員和朋友，想透過這些管道去瞭解被逮捕的家人，和一些動態。因為這是歷年來第一次大規模的逮捕行動，家屬蠻擔心的是他們在裡面境況如何。不過我們所瞭解的家屬，因為這些黨外的前輩們，他們家屬都已經跟他們溶為一體，也不是蠻傷心的；他們比較擔心的是，可能在獄中被毆打、刑求。

當時在臺北是冬天，希望能夠多提供一些衣物，讓他們不要感冒、受凍，「你有沒有送一些什麼禦寒的衛生衣、毛線衣、夾克到裡面去？」有些人說：「唉呀，裡面都不願意讓我們送東西進去，他們說他們裡面夠了。」大概裡面穿的能夠保暖就夠了。很多家屬都知道這是歷史的使命，應該不會輕易放人。我們跟家屬打氣，希望能透過家屬寫信給他們，希望他們堅強一點，外面那麼多人在關心。尤清也傳達這方面的訊息給國際特赦組織，據我所瞭解，好像尤清也透過律師群在跟他們做很密切的聯繫。

辯護律師的分配

當時起訴前，不知道哪些人會依軍法起訴。起訴後才發現這八位是依軍法，其他送司法。這樣的轉變是否導致委任律師上的一些混亂……？

幾位家屬所指定的一些律師比較確定。因為一下子逮捕了那麼多人，以當時的氣氛來說，願意站出來辯護的律師也不是很多。他們在分配任務的過程中，既然許多的辯護律師都已經受到委任，他們同心齊力來做起訴前的辯護準備，最後確定是八位送到軍法去，其他的就歸司法，所以有部分律師還做調整。不過我所比較肯定的就是以軍法的為龍頭，軍法大概會有十年以上的徒刑，所以這些家屬或是辯護律師都已經瞭解必須先辯護軍法的，如果軍法的刑期減低，當然司法的相對會減低，所以當年有一些調整。

我曾看到資料寫說，當時被捕的家屬們已經決定一位律師了，第二位律師人還要去詢問被捕人的意見，當時是不是有這樣子的資訊？

是這樣的，當時是每個被告可以請兩位律師，家屬希望每個被告都有一個律師，另外要安排第二個律師。對於第二個律師的人選，他們也希望尊重被告，所以詢問他們還有哪一些？他們有一些朋友或是認識的人，希望他們來。所以確認第一位律師以後，第二個律師這部分，就等到能接見以後，再詢問被捕的當事人決定。比如說像施明德……。通常一個人辯護一個，但是在這八位軍事審判，一共有十五位律師，為什麼有十五位？理論上是十六位，但是尤清一個人辯護兩位。尤清辯護張俊宏以後，第二個，就是施明德被抓以後，尤清又去辯護施明德。所以說就等於尤清一個人辯兩個，其他人就一個人辯護一個。

負責抄錄、影印卷宗

我們知道說當年起訴之後，律師這方面一方面要去遞委任狀，一方面要進行閱卷跟會客的情形，是不是請您描述當時的情況？

尤清回來之前，我是在全錄（Xerox）服務。我的計畫是在全錄一年就離開，我希望透過sales可以多瞭解一些社會動脈。剛好我在全錄一年以後，尤清從德國回來，我就到尤清事務所工作。

因為曾在全錄工作的關係，所以當時我就跟全錄租了一臺影印機，要將這臺影印機拿到看守所去copy。在司法部分，筆錄都可以閱卷和copy，但是軍事法庭他們不願意，我們閱卷可以，但是不讓我們copy。軍法處的解釋是說，所謂抄錄就是：「你要來用抄的，你也可以用錄音機來錄回去，錄回去你們再去做。」

不讓我們影印，我們沒有辦法辯護，因為這些當事人做了很多的筆錄，我們用抄的沒有辦法啦，用錄的、講的又不仔細，當然要用白紙黑字作為一個辯護的依據，瞭解整個過程。但是軍法處不讓我們影印，所以當時律師團都不辯護了，兩、三天，我們都不到軍法處去。

其實他們不讓我們影印，就是希望把這個事件的衝擊減到最小，那種官僚的心態、軍事的集權、威權的心態，非常「鴨霸」。所以律師團就決定不去辯護，做為一個杯葛，也召開記者會，說軍事審判這樣子沒有辦法進行辯護。

最後為了這些被告的權益，為了讓事件、歷史呈現於世，我們屈服，我們用抄的。當時每個事務所請一個抄錄員去抄。因為尤清是辯護兩個，而一個事務所裡面只能一個人進去，所以我就變成這些事務所助理們的頭頭。

因為被捕的當事人很多是要互相連貫，所以他們抄錄完後的正本交給我，我負責copy十五份交給辯護律師。而我也去抄，第一天抄完，隔天手都不能動。因為每個事務所只能去一個，所以第二天以後，我們就是上午一個，下午換一個進去，輪流替代，這樣抄了十幾天，才把筆錄全部都抄完。八個被告滔滔不絕的辯論，讓我們閱卷的工作做得非常久。施明德和張俊宏特別多話，所以我們抄的半死，前後派了三、四位去抄錄。

這個過程中發生過一些插曲，比如說我們抄的，他們[軍事法庭]說我們抄的不對，但是我們堅持我們抄的對，最後拿他的筆錄來，有些筆錄被改了，他們說是我們記的時候記錯的；比如說一個「未」，一個是「不」，我們說一個「未」，「未曾去……」我們沒有去，或者怎麼樣……。在閱卷過程中，我們可以看出這個軍事審判中的一些草率。或者是不讓辯護律師有充足的辯護過程。他們這些人的心態上是說「只要你被我抓來了，叛亂，就你該死，你認了」。直到這次軍法審判、美麗島事件以後，才揭開他們那些心態，把他們心態打破。

運用媒體發佈消息

這個過程中，包括法庭的辯論過程，我們為了讓媒體善盡報導責任，當時我有一個策略，我們每天都發佈一些新聞，包括律師的動態——這是當時媒體追逐的重心，還有什麼時候辯論？還有一些什麼樣的動作？以當時的媒體來說，運用他們希望報導第一手消息的心理，我採取的策略就是，有時把詳細一點的消息給《中國時報》，而不給《聯合報》；隔天《中國時報》報導了一些內幕新聞，而《聯合報》沒有，《聯合報》記者就被刮，他們來找我「耶，《中國時報》怎麼有報導這個？我們怎麼沒有？」我就跟他講「你們不報嘛。」他說「要啊！你們只要給我們，我們就報導。」就因為彼此搶新聞的心理，透過這個新聞的角逐，最後也讓《聯合報》跟《中國時報》去做相當詳實的報導。

當時每報只能進去一個記者旁聽，但是因為《聯合報》跟《中國時報》有一些關連性的企業，比如說《中國時報》還有《工商時報》，《聯合報》還有《民生報》，所以這幾個大報就可以派多位記者進去，他們報導的就比較詳細。

我記得像高雄的《民眾日報》跟《臺灣時報》，因為他們報社在高雄，而且美麗島事件發生在高雄，他們認為有這個歷史使命要報導，但是因為只能一個人進去，寫的也不太詳細。另一方面，一九七九的時候，不像現在編輯那麼方便，用電腦傳版進來的，都必須靠記者的稿，大部分用飛機傳稿。所以《民眾日報》跟《臺灣時報》常常跟我要稿：「對不起啦，尤先生，趕快，我們送稿的時間來不及，飛機那邊幾點幾點鐘……。」這樣子，希望提供多一些消息給他們。

我們就是透過報紙之間互相搶新聞的競爭下，最後讓《中國時報》、《聯合報》跟幾個報紙，包括《自立晚報》等等，都報導非常詳細。尤其在審判過程中這些問答，報導非常詳細。也讓國人瞭解，從辯論的，或者從審判的過程中，去瞭解一些美麗島真正的真相。

抗議秘密調查庭

我們知道在那時候起訴之後，他們軍法處曾經秘密開調查庭，也引起律師這方方面抗議。

對，既然限制接見的禁令已經解除，調查庭沒有什麼理由不讓律師進去。連律師都不能進去，叫什麼調查庭？他們是開了幾次秘密調查庭以後，律師知道了，所以做集體的杯葛，比如說當時召開記者會，詳述這樣一個秘密調查庭的不當、漠視律師的辯護。最後逼他們不敢再開秘密調查庭。他們很多威權的心態就是這樣一一被打破。

林宅血案

我們知道有一個比較震撼的新聞，就是在調查庭過程當中，剛好是二月二十八號，那天發生林宅血案，那天不知道您有在法庭現場嗎？

整個辯論的過程中，從早到晚，都是我陪尤清，包括到陳繼盛那邊去召開律師辯護的會議和準備工作。

二二八那天早上，我們照常去開庭。中午的時候，方素敏認為阿媽應該把孩子接回來了，打到家裡沒人接，方素敏非常納悶，為什麼沒人接？剛好大家都在準備開庭，原先她也不太擔心，想說是不是阿媽帶著孩子去買東西？過一陣子又打電話去，還是沒人接。她就請當時她的助理吧？還是……？——（問：林義雄的秘書。）——對，林義雄的秘書，請林義雄的秘書回家去看。

她回去的時候，不知道她們被殺死在地下室，大概是在客廳、瀏覽一下，沒有看到，就回去了。回去軍法處就跟她們說沒有看到。方素敏說「不可能，她應該……」方素敏認為應該孩子跟阿媽在家裡，但是家裡都沒有人在。最後方素敏跟秘書講：「你有沒有到地下室看，會不會在地下室書房那邊玩啊？」結果才發現真的被殺死在地下室林義雄的書房。

得到消息以後，大家驚呆了，包括當事人還有家屬、律師，在庭上抱頭痛哭。大家很驚訝、也很震驚，因為那時家屬家裡都有情治人員、警察在監視、保護，為什麼會發生這樣的事情？大家在法庭上哭成一團，非常傷心，那麼可愛的孩子跟媽媽。我認為那跟他們被捕時是不同的心情，因為這些當事人就跟尤清一樣，像我們都這樣，都有被捕的心理準備。縱使在逮捕、審判過程中，身體被刑求等等，都沒有林義雄媽媽跟他兩個女兒被殺的這種震驚，這種無法接受的情況。

律師要求庭上趕快釋放林義雄，甚至釋放所有當事人。要求趕快去查，在這種情況下，為什麼還會有被殺的情形？隔天辯護律師拒絕辯論，希望將這個事件變成國際化的事件。

我認為這個震撼比國民黨當時逮捕這些當事人還大，這是滅門血案！因此警察單位更加強保護辯護律師的家屬，譬如尤清兩個孩子，每天就由女警來帶他們上學，學校不讓兩個孩子出到校門外，下課的時候接回來，親自交給尤太太。對於辯護律師跟家屬的安全，也相對得到重視。

尤清在那段拒絕辯護的過程中，好像也不出門，除了電話聯絡辯護律師要他們注重安全以外，也在一兩天裡，把遺囑都寫好了。因為他認為以當時的氣氛，他們把林義雄家屬滅門，是不是輪到國民黨情治單位內的鷹派會出頭？要趕盡殺絕，將這些黨外人士趕盡殺絕。

為什麼辯護律師那麼多人在事後會投入政治？從律師變成政治人物？他的轉折包括林義雄家滅門血案的震撼，包括在辯護過程中，透過閱卷而瞭解他們的心態，包括整個辯護過程所產生的一些激化。就如同當時張德銘律師說：「國民黨政府如果沒有好好處理美麗島事件，有可能從兩位護法（林義雄跟姚嘉文）變成更多的大護法，讓這些年輕律師投入臺灣的反對運動。」日後證明，事件以後，這些辯護律師相繼投入後續反對運動，從辯護律師成為第一線的領導人，第一線的政治人物。美麗島事件後，雖然這些受難者犧牲了他們的自由，但是也因此換取更多人投入反對運動。這是一個歷史的轉折。他們犧牲自由所帶給臺灣更大的反對空間，更多反對人士進入反對陣營。

有一個細節我想請問一下，因為有一位受訪律師提到，二二八當天本來軍法處不讓家屬旁聽，後來經過律師的抗議，才讓家屬旁聽。在這個過程裡面，方素敏本來已經回家了，後來知道可以旁聽，又從家裡趕來，才使得方素敏當天能逃過一劫。不知道您記不記得這個細節？

過去他們都沒有讓家屬旁聽。我剛才一直在強調的就是，過去警總的心態、軍法審判的心態是：「你既然被我逮來了，我跟你判幾年就是幾年，沒有什麼好說」，也不值得辯論。甚至有些律師根本不去辯論，因為他們認為辯論是多餘的；被抓去了，他要跟你判幾年就判幾年，辯論只是一個形式。家屬的旁聽都不被准許。

所以在軍法審判的過程中，原先也都拒絕家屬旁聽，雖然律師一直努力，但總是於事無補，家屬也沒有辦法，只希望多爭取旁聽的機會。甚至有些家屬還要去跟記者打交道，希望假冒記者去看辯護過程。我知道有人這樣子去跟記者說：給我們去看幾分鐘，看看他們。

好像在二二八之前，就經過律師的爭取，家屬有進去旁聽。也有可能就是受訪律師所說的，因為這樣子，方素敏逃過一劫。但是也不一定。因為方素敏、周清玉、許榮淑這些家屬，他們每天都去的，不是因為拒絕家屬的旁聽，家屬就沒有去，不管能不能旁聽，家屬每天一大早都會去。家屬重視這樣一個……或者說家屬跟先生的感情，不管能不能進去，反正她每天都去。甚至解除禁見的時候，家屬天天去。所以表示他們那種感情的深厚。我所瞭解就是說，因為二二八那一天方素敏不在家，她是在新店軍法處那邊，她認為中午她婆婆應該帶她孩子回來，為什麼打到家裡都沒有人接？

辯護主要目的：把真相告訴百姓

當時辯護律師團在陳繼盛律師事務所開會時，這過程你也一直參與其中，就您的觀察理解，是不是談一下當時律師團在籌組過程中，對本案看法的一些轉變？以及開會時提供他們意見的是哪些不同人士？

律師團大部分都在陳繼盛律師事務所開會，因為陳繼盛是這些年輕律師的前輩，而且他蠻熱心的，事務所也蠻有規模。最主要是陳繼盛當時是臺北律師公會的……好像理事長還是常務理事？所以他也找了一些律師，包括前輩律師跟同輩律師，常常討論，或提供法庭經驗，主要是軍事審判的經驗。還有就是彼此研究案情。因為畢竟是全國矚目的案子，而且影響那麼深遠，應該集合智慧共同做這世紀之辯。

當然這些律師，比如說像尤清、蘇貞昌、謝長廷、陳水扁，他們過去少有軍事審判辯護的經驗。因為他們過去不屑軍事審判辯護，做這些沒有什麼用，人被抓去之後，早就已經確定了，沒有什麼樣的成就感。所以這些律師們、大部分一般律師不太願意去辯護軍事審判。

也因為如此，所以律師們對這個案子，原先最主要是一個心情，就是把真相告訴百姓。所以為什麼我們到現場勘查？去照相？去看那些木棍？現場透過採訪的方式，找到木棍、還有安全島上的這些鐵欄等等證物，透過現場勘查來證明他們不是預謀的，很純粹就是一個群眾的運動、演講訴求，透過演講讓鄉親知道什麼叫言論自由？什麼叫自由結社？原先他們目標、目的也只是這樣。非常單純的群眾集會，被抹黑成叛亂的集會。所以律師們透過各項的研判以後，第一個想法就是要將事情真相公布出來。

雖然大家在辯論過程中都非常累，但是起碼保持了兩天一次的聚會。大家共同將彼此的心得、或是彼此當事人重要的訊息，不是只有筆錄而已，或者是律師跟當事人接見的心得，做彼此心得的溝通，也對案情瞭解的溝通。這些都是在陳繼盛律師事務所那邊做的。所以我們都認為，陳繼盛雖然不是辯護律師，但是他在辯護過程中扮演相當關鍵的角色。事後也證明，透過這樣彼此心得、案情的交換，對軍事審判過程跟真相表白有很大幫忙。雖然整個結果還是如預期的，大概有十年以上的刑期，用叛亂罪的條文去判刑。

林義雄拒絕因血案而被釋放

比如說透過二二八林義雄家滅門血案做一些訴求，要求起碼釋放林義雄，雖然林義雄拒絕。林義雄拒絕被釋放，你們大概不知道。

我們只知道他當天就被交保。

他原先不願意，你知道嗎？他願意共患難，林義雄希望不是只有交保他，應該大家都交保，甚至釋放。最後林義雄禁不起家屬、律師跟同案被告的懇求，他才回去處理血案的事。我非常欽佩林義雄，他說：「要放大家一起放」，他希望這樣，但是不可能。所以因為這血案，他當天就被交保。

幕後幫助律師團的學者專家

您剛剛提到在辯護律師開會的時候，有一些……，就是陳繼盛律師請前輩或者是同輩來講……

互相探討一下。

我在資料上面有看到，有人提到像蔡敬銘、城仲模……——（答：對，城仲模。）——我不知道說當時確實是不是有他們在場去為辯護律師團講軍事審判法的事情？不知道您還有沒有這個印象？

因為我認識這些律師不深。以當時氣氛來說，這些義務幫忙的律師不太願意讓人家知道，所以大家有默契，不講誰在場幫忙。所以我還是堅持信念，我不願意講哪些人幫忙。如果你訪問的律師願意講，由他去講，起碼我不太願意講是哪些。如果到場的律師事後願意表白他們也有參與的話，由他們表白，我不太願意把他們講出來，好不好？

沒有關係。

當然我知道有許多律師前輩來幫忙，他們都在辯護過程中提供很多經驗跟幫忙，這些都是歷史不能抹滅的貢獻。而他們是否願意講出來？由他們自己決定。

前仆後繼投入反對運動

我想在軍法大審前，有幾個小問題想請教你。在準備審判過程中，除了您所接觸到的家屬，幫忙閱卷、審判工作的人，有沒有您印象比較深，後來也因此轉入反對運動的？比方說像許榮淑、周清玉，是大家比較清楚的。您印象裡面，後來才從事政治？就是說類似您的角色。

我想這分做幾個部分。第一個，美麗島事件當事人，這些當事人釋放以後，回到反對運動，這些就是美麗島元老人士，我們所稱的長老級，他們當然都成為臺灣反對運動的重量級人物、中心，也就是我們俗稱的受難者。

第二受難家屬，一九七九年的美麗島事件，隔一年，一九八〇年就是國大跟立委選舉，以受難者家屬身份參選的有許榮淑跟周清玉，她們都高票當選。

第三個就是一九八一年的尤清當監察委員。尤清的例子鼓勵了這些辯護律師，從辯護的位子走向政治的這條不歸路，如陳水扁、謝長廷當選市議員，張俊雄當選立委。陸陸續續的，家屬跟律師就接續了受難者的位置，繼續帶領臺灣的反對運動。

這個過程中，因為有許多的助理們開始因為跟委員、或者是跟市議員互動的關係，我把他們歸類叫第三代。這些第三代部分，就像林濁水、尤宏、林正杰、周伯倫，我們這些人都是透過辦雜誌宣揚這些理念，耳目洗染了以後，也陸續的跳入政治的不歸路，投入反對運動。我們這些人投入以後，更年輕化，更寬廣了。

從這些受難者到家屬、律師、到助理們，大家不計後果投入，我想這都是美麗島事件所帶來的衝擊。也如同在整個審判過程中，尤清所說的，臺灣所有的癥結點，都必須透過政治去解決，臺灣社會一些不合理現象必須透過政治去突破、解決，所以公職就變成運動過程中不能沒有的一個過程。雖然當時年輕一輩的人批評政治掛帥、公職掛帥，但是相對的，在辯論的過程中也更瞭解沒有公職是不行的，因為公職起碼提供一個比較安全的保護網。而透過公職可以闡揚一些理論，透過選舉運動可以將一些問題提出來、突顯出來。

所以當時黨外公共政策會，或是黨外編聯會，黨外編聯會就是我們這些年輕人在搞的，挑戰當時黨外一些元老級的公職人員。這是一個時代的產物。透過彼此互動、彼此辯論，更加強民主化的過程，更能夠凸顯民主的可貴、言論的可貴。

我認為當年透過這樣子不斷的辯論，讓臺灣民眾更瞭解什麼叫政治？什麼叫自由的可愛？言論自由的需要、打破報禁的需要、能夠自由結社的重要，透過當時政論雜誌如雨後春筍這樣的方式，讓臺灣人民瞭解政治。所以我認為，從美麗島事件發生以後，從當時比較單純的地方的政治人物演變到律師群的投入，讓更多的年輕人對於政治不要那麼可怕，也不那麼顧忌。我想這是一個很大的指標作用。

未聞「一二〇五」專案

在呂秀蓮所寫的《重審美麗島》裡面，她有提到一個我們到目前為止還無法證實的消息，她說當年警總曾經有一個「一二〇五專案」，就是為了要把這些黨外人士……，——（答：伏法。）——等於透過「一二〇五專案」，在美麗島事件之前就對他們監控，等於是進行逮捕的前置作業。她提到這個「一二〇五專案」，不知道當時他們被逮捕之後，您這邊有沒有聽過這樣類似的謠言或者是傳言？

十二月十號發生美麗島事件。你所謂「一二〇五專案」是不是十二月五號？——（問：對，好像就是說……。）——就是說，事件發生之前……，——（問：就採取行動。）——就採取一些行動。我想因為我們比較慢投入，我跟我哥的投入是從雜誌，跟姚嘉文開始接觸。這個之前，我剛剛跟你談過，一九七八年底尤清回國，一九七八年尤清開始當律師，一九七九年發生美麗島事件，等於尤清當了一年多一點的律師後，發生這個美麗島事件。

在這個之前，臺灣的「黨外」在尤清回國之前已經成形。但是一方面我也在讀書，讀完書以後我去服兵役。這段時間跟國內政治人物的接觸沒有那麼廣泛，直到尤清從國外回來以後，因為辯護律師跟姚嘉文、陳繼盛他們熟悉以後，透過他們認識像姚嘉文這樣的黨外人士。我們可以從陳繼盛一直扮演律師的軍師這樣的角色，就開始看得出我跟尤清的一些背景，我們比較沒有去touch到黨外內部的消息。

所以我所瞭解的就是，包括從審判的過程中去推演國民黨情治單位如何在設計，或者是挑起受難者之間的矛盾，或者是去設計安排美麗島事件的這個過程中，我們不能說沒有一些計畫，我想這些計畫對情治單位來講是很必然的現象。呂秀蓮她說「一二〇五專案」，我不太瞭解。不過我可以肯定的就是，情治單位在十二月八號的屏東服務處事件，很顯然的是有計畫的挑釁事件；到十二月九號鼓山事件，有計畫的去刺激群眾的情緒、刺激黨外的情緒；到十二月十號，非常精細的安排未暴先鎮的這些舉動來講，我們當時判斷情治單位已經做好這些準備的工作，只是等待時機，在哪一個最適當的時機來逮捕你們？當然這些時機可能就必須藉著一個事件、一個暴動事件來抓人，才能杜悠悠之口，才能跟人家講說這不是一個思想的事件，而是一個從暴亂事件裡面產生叛亂，以這樣做一個藉口。

所以呂秀蓮所提出「一二〇五專案」的這個計畫，不能說沒有，只是我不知道呂秀蓮從那裡得到這個消息。這些是不是作為將來歷史的一個依據，可能還要情治單位能夠把美麗島事件作為一個歷史事件，既然美麗島事件已經過了將近二十年，是不是將歷史的回歸歷史，將他們過去所提出來的這些能夠再公布表白，可能要必須情治單位去做這個工作。我們也希望你們能夠鍥而不捨的去追查，看看是不是有這樣的事件，或者有些情治人員他願意提出來做一個歷史的見證。反正從這個見證裡面，我們去防止……反正歷史就是一面鏡子嘛，我們盡量透過過去的經驗，不要再去發生那樣子不幸事件。當然美麗島事件在整個過程中，也是關係到臺灣日後走向一個更民主化的轉換點。

報紙媒體的影響

我想在軍法大審的時候，因為您剛剛也提到利用報章媒體他們搶新聞的特性。可是我們在回顧當年報紙的時候，會發現雖然他們把法庭的情形報導得很詳細，但是他們的標題都會傾向於把這些被告視為是叛亂犯，——（答：叛亂份子。）——可能以當時的社會氣氛，或者是政治氣氛來說，這是難免的。是不是在整個媒體報導這麼詳細的過程當中，在律師方面也因為這樣的報導，而對於本案產生了一種可能會比較樂觀的看法？或者是有什麼樣看法的改變？

輿論本來就是政府、當權者用來剔除異己，或是控制的工具。以戒嚴時期的氣氛來講，對於記者個人，我們都非常佩服他們，能夠用那麼短的時間，那麼快把被告所口述的轉成記錄。記者非常詳實地用對話的方式——法官問的、檢察官問的，他們所答的，非常詳實的紀錄。

但是這些編輯不是記者所能控制的，以當時的環境，編輯他們受到情治單位的監控，或者是情治單位的指使，不得不然的一個標題。所以當時流傳的一句話，報紙要「顛倒看」。透過律師的辯論跟被告的表白陳述，讓真相越來越明顯，也因為記者鉅細靡遺的紀錄，讓讀者瞭解一些真相，所以也造成受難家屬跟律師投入，而且能夠高票當選。證明媒體所報導的有相當大的影響，不會受到幾個編輯的影響。以當年選民用高票讓這些家屬，甚至有些司法被告都高票當選，律師能當選，證明美麗島事件的辯論過程已經對事後臺灣走向民主化有相當程度的幫忙。所以媒體據實的報導，雖然因為編輯受到情治單位的指定，要用怎麼樣的語氣來表白。但是，百姓用具體的投票來證明美麗島事件本來就是情治單位未暴先鎮的預謀事件，非常清楚跟明白。

面對判決的兩種心情

在軍法大審宣告一段落，宣判之後的結果也是令大家覺得說判的蠻重的，一位無期徒刑，一位十四年，其他十二年。就您瞭解，當時律師團還有家屬他們面對這樣子一個結果的時候……

關於這個，我分做兩個層面來講。因為從整個辯論過程中瞭解，這些被告本身都沒有拿過棍子去打打憲警，他們只不過是引起事件的導火線而已，但是這些都被認為是設計預謀的，被陷害，甚至是被挑起的，故意設計去挑起觀眾而引起衝突的。所以有兩種心態，有些家屬認為這樣的判決太重，律師們更認為這樣的判決太重。

但是有些人認為，在當時情治單位要置之於死的情況下，起碼能保住生命、做為東山再起的機會，有些家屬還認為起碼……保住這條命都還有機會，能夠再透過這些家屬、律師跟當事人高票的當選，期待政治會改變，環境會改變。所以起碼留住這條命，沒有被判死刑，還有機會。

所以說有兩樣心情，有人認為太重；有人認為起碼保住生命，等待機會。確實等到機會了。因為這些人不斷當選、而且高票當選以後，律師的表現、家屬的表現，更讓臺灣社會整個心態上產生很大的變化。也是因為這樣子的一個變化，逼迫國民黨當局做出更多的開放，包括黨禁的開放、報禁的開放，言論、媒體不斷的蓬勃發展，這些都是當時兩樣心情同時交織的一個結果。

起碼，比如說像施明德家屬認為起碼命保住了，兩次的無期徒刑，再一次的無期徒刑，只要不死，還有機會。像黃信介，因為他是大老，他比其他人判了多兩年，他們也認為大老都是這樣子，要當一個大老就是這樣子。所以，黃信介家屬坦坦然的心態讓我非常欽佩。有些家屬……，不曉得哪一位家屬，他引述一個當事者的話，他說：「我被你抓到，就是我輸了嘛。」本來就是要有自覺、覺悟，你要為反對運動者，在當年就必須要有自覺、要有覺悟。

尤清繼續為司法部分辯護

軍法大審之後，尤律師他還接了……

司法審判跟藏匿施明德案，一共三個案子。律師裡面是尤清接最多。他所以接那麼多，是因為禁不起家屬的要求。尤律師以他當時三十七、八歲的年紀，又沒有相當多辯護經驗，靠著他強力的學術基礎、在德國受的嚴格學術訓練、對憲法的認知，跟追求民主自由的決心，跟他的心陶、涵養，以三十八歲的年齡來講，尤律師的表現是受到肯定。也因為他這樣的表現，讓家屬更要求尤清接續性的辯論。

在軍事審判尤清辯護了兩個，一個是理論大師張俊宏，一個是總指揮施明德。而在司法過程中被起訴比較重的，比如說……，軍法的龍頭是施明德、黃信介跟張俊宏，而司法的部分是周平德。一方面周平德是高雄人，像周平德、紀萬生這些都是在司法起訴裡面刑期比較重的，這些家屬都指定、拜託尤清幫他們辯論。一方面他們比較相信尤清的辯論可以將真相表白出來；一方面家屬說這樣子比較放心一點。

所以尤清義不容辭再挑起這樣的重擔。所以繼張俊宏、施明德以後，周平德、紀萬生、范政佑、吳振明都請尤清去辯論。

轟動法庭的刑求控訴

我比較深刻印象的，是司法辯論過程中，吳振明，一條血褲子的震撼。他被刑求，被用腳踢膀胱，膀胱都受傷，排尿的時候排出血來。吳振明就將這些血褲偷偷藏起來，在庭上展現出來，也轟動一時。這樣打破他們沒有被刑求的謊言。而且根據那一組……，就是吳振明、林義雄、戴振耀這組人被打的最厲害，透過這些延伸追查出來，他們調查人員分做好幾組，這一組打得特別厲害，林義雄、戴振耀、紀萬生還有吳振明被打的特別厲害。

為藏匿施明德案辯護

後來又接藏匿施明德案。施明德逃掉以後去接觸了這些人，最後成了藏匿案，包括安排他整個過程中的長老教會高俊明牧師，還有為他整修牙齒的張溫鷹，都是藏匿案的被告。

因為高牧師是基督教長老教會的總幹事，而長老教會長期關懷臺灣這片土地，在傳統上，比當時其他的人更熱衷臺灣這塊土地，所以他們發表一些人權的宣言，發表對臺灣主權問題的宣言。剛好施明德找上高俊明，在宗教上就像有些犯罪者到上帝前面去告解一樣，他們必須接受他們的告解跟寬恕他們。所以在宗教立場上，高俊明非常自然的來幫忙施明德，這是很自然的現象。

而另一方面他對臺灣人權方面的保護比較澈底。剛好國民黨情治單位也利用施明德去找高俊明的這層關係，要壓制臺灣基督教長老教會，這是很顯然的一個案子。就是利用施明德去找高俊明這機會，情治單位要來打壓長老教會，剛好趁這個機會，平常想安排機會安排不到，剛好有這個機會，天掉下來的機會，就去起訴高俊明。

我們從資料上知道，藏匿施明德案的被告中，所有人要不是投案，要不然早就被捕。但是高俊明牧師一直到四月二十四號，很晚以後才被捕。所以在我們訪問過程裡面，有人覺得他之所以那麼晚被捕，除了藏匿施明德案外，還跟當時長老教會要加入普世教協這件事有關。不知道說您在當時有沒有聽說這樣子的消息？

我想高牧師跟其他的當事人不同，高牧師背後有長老教會，一個很大的組織。長老教會是世界上的一個組織，屬於世界性的組織。所以情治單位要逮捕他要相當慎重。尤其高牧師本身他擔任教會這種職務，一方面，我剛才講的就是說，任何犯罪的人都可以去那邊告解，有相當大的關連性，施明德去求助他，他是不是應該幫忙？或拒絕幫忙？這個是一個很大的問題，要很嚴肅的去看待。所以說情治單位要去逮捕他的時候，要非常的慎重，我想不是長老教會要去參加普世教協的這個問題，而是情治單位也應該瞭解是他本身職業上的問題。

日後的張溫鷹，跟施明德到底是整容呢？讓他變成一個人，或者是她醫生的責任？不管是施明德，或是任何一個人來，她有義務幫他裝個假牙，讓他在吃的過程中比較順暢。我想這個同樣是一個很大的case。日後證明張溫鷹沒有被判刑，是因為張溫鷹在辯護的過程中……包括尤清在辯論的過程中，他們引述了過去一些判重刑，醫生有義務為任何人解決健康、解決生命或解決醫學的這些問題。在辯論的過程中，尤清舉出了很多例子，縱使這個死刑犯明天要槍決了，今天病倒了，醫生還是要幫他醫治。像這些理論。甚至你說施明德到底有沒有犯罪，在你被判刑之前，每個人都是無罪的，所以說縱使是政府通緝的要犯，但是在判刑之前他都是無罪的，他都是可以做一個醫生的當事人而已。用這樣的理論去做辯論的基礎，包括施明德本來牙齒沒有了，他必須裝假牙，以方便他嚼食，這些都是張溫鷹辯護的一個依據。

不過我們想，像張溫鷹他們，在風聲鶴唳、在情治單位提出幾百萬的懸賞獎金的時候，張溫鷹他們有這樣子的勇氣去為……，明知是施明德，明知外面風聲那麼緊，而且藏匿要犯同罪這樣的一個情況下，勇敢的為他來做一個牙齒的、假牙的醫治，或者是整治的工作，我們不得不佩服張溫鷹的勇氣。也因為這樣子讓當時有很多人很大一個鼓舞作用，一個女子有這麼大的勇氣，那我們男人應該更堅強。我想這些都有一些互動的關係，日後鼓舞了許多年輕……就是很多女性投入臺灣的政界。我想張溫鷹在這整個事件裡面也跟陳菊跟呂秀蓮他們都有相當大的一些貢獻。像陳菊跟呂秀蓮，兩個年輕女子投入早期的反對運動，張溫鷹更在那個媒體報導藏匿跟他同罪的情況下，她去幫忙。這些都有很大的一個啟示作用，我認為很大的一個啟示作用。

反省與影響

我想說就您本身經歷的這三個案子下來，您是不是能夠談一談這樣的經歷之後，對您的影響或者說您個人的反省跟觀察？

本身一方面我的先父，因為他是一個政治人物，他當過高雄縣第三屆的縣議員，在那段時間內看到我爸爸為人民所處理的陳情，或者幫忙解決解決的事情。之後以他連任沒有問題的情況下，他放棄連任，去日本將農業機械化的理論引進到臺灣來，而且毫不猶豫的變賣我家的一些家產，投入臺灣農業機械化推動的過程，讓我跟尤清從父親那邊更瞭解前人對臺灣這塊土地的熱愛。我想這一點是我跟尤清日後投入反對運動，堅持反對運動一個很大的啟示作用。這是從我家裡、家庭的背景來看。

在我父親一九六五年過世以後，我們在學生時期，或者尤清在從國外……留學參加臺灣同鄉會，積極地透過同鄉會，在國外繼續關心臺灣的動作，而我也從學生時期看到當年的一些反對運動的書籍。而且從美麗島事件開始，透過現場的觀察，親自參與筆錄的抄錄，跟整個律師團的辯論的研究、策略的研究，跟辯論的過程，到二二八林家血案的發生，到司法案件跟藏匿案的案件，這些整個歷史的過程中，讓我們兄弟更瞭解臺灣的一些問題，就是因為當時政治不清明，人民知的權利太少，沒有辦法成為一個政黨來主導，或者是來跟當時獨佔、獨裁的國民黨來做一個抗衡。這也是日後在美麗島事件辯論完後，我跟尤清積極創辦雜誌，積極鼓吹組黨的最大的原因。

透過組黨的舉動，結合更多的人投入臺灣的反對運動，不是只有一個單打獨鬥的時期，希望透過一個政黨來匯集這些人來對抗國民黨，引起我很大一個衝擊。我想美麗島事件對我來講，對尤清來講，是一個很大的轉折。當然這是因為家庭過去的背景、政治的背景，讓我們很自然的比我們同年齡的同學或是朋友更接近政治，這是因為家庭的影響，還有美麗島事件辯護的影響。也因為這樣子，讓我們兄弟投入這條政治的不歸路。

雖然現階段我跟尤清都沒有擔任公職，不過我們想說，我們對於臺灣這片土地，我們曾經付出過，臺灣轉折的過程中，我們很榮幸的參與每一個事件，我們很榮幸的能夠從前輩那邊承繼、繼續他們的腳步，我們這樣走過來，也在臺灣的民主過程中，我們有參與過，這是我們很大的榮幸。我們也因為這樣的參與，臺灣人民也給我們機會，讓我們從參與過程中抬轎者的角色變成一個坐轎者，尤清有幸能夠當監察委員、當一任的立委、兩任的縣長；我也當了兩任的立法委員，透過民意代表的職權再次積極投入臺灣的改造運動，包括司法的改造、政治的改造、經濟的改造過程中，我們都參與到。這是在我們一生中很可貴的經驗，我們也很榮幸在這個過程中，我們幸運的參與。

對我們來講，我們都是歷史的見證者。臺灣人民給我們機會，我們也非常感謝臺灣人民，感謝鄉親給我們的機會。我想、透過我們這樣子的運作，我們親身的參與，我們期待後輩們，透過前輩們這樣子的經驗，能夠讓臺灣更進一步的能夠投入整個世界的一個群體中。

我想臺灣所面臨的，對於世界的一個大環境裡面，臺灣是一個非常微小的。但是我們不能因為我們人口不多，我們就喪志了。我們不能因為面對中國大陸那麼強大人口，我們就失去信心。我常常跟其他的朋友講說，以當年我們資源非常缺乏，面對國民黨那麼強大的一個群體，相對的，臺灣跟中國大陸比較起來，我們現有的資源比當時我們的資源還豐富，我們都這樣子走過來。所以我都常常跟一些朋友講，臺灣不是沒有機會。所以因為這樣子，我更加對臺灣更有信心。

整個事件以後，我們不後悔走過來，我們也不埋怨。這段時間，我跟尤清所談的，因為臺灣人民給我們很多的機會，我們也不埋怨、也不抱怨，臺灣人民沒有繼續給我們機會，只是說是不是我們努力不夠，或者是某些事件影響，我相信我們不管在任何的工作崗位上都盡了一份心力。在歷史的留白上面，我們也留下這樣子的一個記錄，這是我們非常幸運的地方。

張溫鷹母親的關心

不知道關於我們這個美麗島口述，您還有沒有其他需要補充的？

我想我再補充一些，就是父母在事件的過程中，我印象非常深刻的，就像張溫鷹的媽媽，張媽媽（黃繡花女士）我們叫他五娘，我們大家很習慣的稱她五娘。我舉她一個例子來講父母對兒女的那種關心、關懷。張媽媽是非常虔誠的佛教徒，張溫鷹事件以後，張媽媽為了張溫鷹的安危，她去寺廟拜拜，她去拜拜以後，就去拿一些香灰，她就將這些香灰要帶到看守所去，把它灑在看守所的土地，這樣子可以保佑、保護張溫鷹的安全，或者是讓她的……她媽媽是希望說她的刑期比較減少或是減免。

他甚至要求我跟尤清到法庭的時候，將香灰灑在法庭內，因為家屬不能到法庭去。所以說在辯護的過程中，她媽媽常常要求……每次尤清開庭的時候，他就拜託尤清將香灰灑在法庭上。尤清也不能公開這樣灑，拿著香灰這樣灑，所以尤清就找機會在他辯論的過程中，就把香灰放在他桌子上，這樣[受訪者模仿尤清將香灰吹到地上的動作]這樣吹，吹到地上，這樣象徵性的。幾次以後，因為法庭都做全程的錄影，那些情治單位覺得奇怪，每次尤清開庭的時候，就這樣吹吹吹，到底吹什麼？有一次他們就忍不住問尤清：「尤律師，你到底在吹什麼？」尤清不敢講實際的情況，他說：「你們這個桌子都灰塵一大堆。」他在吹灰塵。結果因為這樣子，讓他們下次在開庭的時候，他們就把桌子擦得非常乾淨，他們不知道這個是香灰。

第二個我非常深刻的印象就是，張媽媽說要找一個屬馬的辯護律師，就是要[民國]三十一年次，一九四二年出生的，要屬馬的。當時尤清知道屬馬的還有一個叫做鄭勝助律師。因為尤清辯護很多了嘛，當時高俊明這是一個龍頭，尤清認為張溫鷹所佔的比重不是很大，因為尤清篤信一個醫生他有這個職責去照顧一個病人。尤清跟張媽媽講說：「張溫鷹應該沒有什麼事。」但是做媽媽的人當然是不放心，因為以當時的氣氛來說，不是有事沒事，而是國民黨情治單位他們在認定的，不能用一般的狀況來認定，所以說張媽媽一定堅持要一個屬馬的人幫他辯護。結果這些辯護律師只有尤清屬馬，所以說她一定要拜託尤清。

她的誠意……，都是連續好幾個晚上，因為她在臺中開……好像西華麵包，她晚上十點鐘收拾完畢以後，才從臺中開車到臺北來拜託尤清等等，到臺北都已經是深夜了。好幾次因為她到臺北來都晚了，我跟尤清住在一起，我把我房間讓給張媽媽住。幾次以後，尤清禁不起張媽媽的要求，也受到她的感動，就幫張溫鷹辯護。因為尤清辯護好幾個，他說妳請別人幫忙，比較專心，別人可以專心辯護一個當事人，而尤清有好幾個當事人，尤清要常常幫他們開會。但是張媽媽還是確信要請尤清。

第三個、張媽媽她說……，我們當時辯護律師都是義務辯護，這是大家都知道，因為事件是那麼受尊敬的case，所以律師大家都義務辯護。但是張媽媽有一天拿一張支票來，這個支票開的金額是一萬一千一百一十一[元]，要交給尤清，尤清不收，她說：「不行，一定要收。」

她說這個是因為神明指示，金額一定要寫一萬一千一百一十一［元］，不得不收，張媽媽說要我們收，尤清拒絕收，尤清說不能破例。最後張媽媽說你不是收辯護律師的費用，這個是神明指示的，一定要收。我們最後拗不起張媽媽的誠意，將那一個支票把它收下來。收下來以後，尤清就不願意去兌現。

在整個辯論完後，張媽媽看到，「唉唷，怎麼一個支票都不去兌現」，一直強迫的、拜託、懇求尤清，一定要將這支票要兌現。最後尤清把他兌現以後，又拿了一萬一千一百一十一［元］要還給張媽媽，張媽媽說不行：「堅持不收。最後沒有辦法，尤清也知道父母對於兒女的期待，他們認為這個是神明的指示。

還有她媽媽晚上都要……，有一陣子時間說要到看守所去，一定要將香灰灑在看守所，她自己去。——（問：晚上？）——晚上。到晚上看守所都關起來啦，怎麼樣進去？她就跟守衛說：「你總是讓張媽媽去上個廁所吧，我從臺中開車開到臺北來，開到新店的看守所、軍法處的看守所，我去借個廁所難道不行嗎？」最後這些守衛禁不起她的拜託，讓她去借個廁所。其實借廁所只是一個藉口，她將香灰灑在看守所那邊，總是灑一些。

我想，透過這樣子的情形，就可以讓我們瞭解父母對兒女的關心。從這個事件裡面，我們瞭解美麗島事件當時的父母對於孩子的照顧跟關心，透過各樣的管道。所以有什麼樣的管道試圖去營救他們，我們都不能說……，——（問：輕言放棄。）——輕言放棄，他們都不能輕言放棄。所以父母的這種愛，讓我們實在非常感動。也因為這樣子更加強日後我們孩子對父母的孝意。起碼，我因為看到這樣子的一個事實，所以日後我們對於媽媽跟父母都比較去想到他們、孝順他們。雖然因為每個人的環境不同，讓我們沒有長時間回到鄉下去看看媽媽，政治人物是最不孝的人，但是也是沒有辦法的事。

閱卷工作（補充）

另外我想補問一個問題就是，因為當時您算是閱卷工作的一個總事務長，跟軍法處那邊的接觸也是以您為主，對不對？——（答：對。）——那就您在跟軍法處的軍人、官員接觸過程當中，是不是能夠談一談當時有什麼樣的小地方，讓你產生對他們的印象或者是觀點？

我想這些軍人他們因為職權不同，比如說我們要去接觸、要去copy的時候，他們說「檢察官不准」，他就把你推過去，他說「我們這個檢察官不准」。我們去找檢察官，檢察官說：「過去就是這樣子。」他也是很官僚化的，很官僚化。比如說我們在跟他們拜託的時候，他說：「沒有辦法啦」，底下的人說：「這個上面不准。」他也沒有很惡形惡狀，到最後的時候，有些說：「沒有辦法，我吃人家的頭路，這個我沒辦法，不然你跟上面說。」上面說：「這個沒辦法，這個上面交代的。」我們就問說：「什麼叫做交代？」他們也講不出所以然。所以要打破這個官僚體系的時候，要相當大的奮鬥。所以最後的時候，我們只有自己屈服自己，我們只有屈服了，因為我們要……我們如果不屈服這樣子，我們不去辯論，剛好他們就不希望我們去辯論。

所以說最後我們為了讓這個真相留在歷史上，為了讓真相大白，最後我們採取最原始的方式，一個字一個字去抄。而且又怕我們自己抄錯，我們用最原始、最笨的方式，就是用錄音機；我們唸喔，每個字去唸，唸完以後我們去抄，抄完以後，再用錄音機聽看看，校對，看有沒有抄錯。你看當時多辛苦，但是我們這樣走過來、捱過來。抄了之後，隔天大家手都不能動了。從早上八點鐘一直抄到下午下班，中間除了吃飯的時間以外，就抄抄抄。一方面要聽錄音機去抄那些筆錄，怕抄錯啊，因為每個字都有關鍵性的影響。

所以說我們這樣子一路走過來，是非常辛苦的。但是我們還是這樣子走過來。相對的，我們對於過去一些元老級的人，他們的付出，對我們來講，我們比他們付出的少。也因為這樣的事件，讓辯護律師跟辯護律師的助理都有機會走上檯面，老實講我們應該感謝他們過去的奉獻跟努力，讓我們有更多的機會去……

但是反過來，後面這些新世代的這些人也更不瞭解我們的過程，但是我們不能怨嘆他們，因為本來時代就是這樣，一步一步走過來。前人種樹後人乘涼。越前面的人，犧牲的越多，希望後面的人不要走過我們這樣的路，不要重蹈我們這樣……不要一定要有人犧牲才會有這樣子。過去的犧牲、過去的失去自由，慢慢的走來就平順多了。所以說像我們這樣子走過來，有很多人說：「現在年輕人他們不知道你們過去的努力。」我都跟他們這樣說「不過我也不知道說過去那些人……我們跟他們比起來，我們還很渺小。」畢竟他們失去自由，換取我們有坐上檯面的機會。也因為過去我們有這樣付出過，人民才肯定我們，讓我們有機會。現在新的人又上來，長江後浪推前浪。不過我們還是感佩。非常感謝你們能夠發揮這麼多的時間、精力把這些史實記錄下來，非常珍貴，非常珍貴。

——訪談結束——

感謝共勉

感謝
新臺灣研究文教基金會
黃建仁先生（訪談研究員）
郭美芬小姐（助理研究員）
柯能源先生（攝影師）

美麗島民主鬥士為臺灣民主進程豎立里程碑
你們為民主鬥士寫下雄壯歷史記錄

另再摘錄哥德《浮士德》中幾句話：

「那自由的生活，只有打拼爭取的人們，始能享有。」（第一一五七五句）

「願與自由的人民住在自由的地方。」（第一一五八〇句）

與臺灣民主人權鬥士共勉。

尤清、尤宏

社會科學類　PF0273　Viewpoint62

臺灣法政角力四十年
——尤清談美麗島大審

作　　者／尤　清
責任編輯／楊岱晴
圖文排版／楊家齊
封面設計／蔡瑋筠

發 行 人／宋政坤
法律顧問／毛國樑　律師
出版發行／秀威資訊科技股份有限公司
114台北市內湖區瑞光路76巷65號1樓
電話：+886-2-2796-3638　傳真：+886-2-2796-1377
http://www.showwe.com.tw
劃撥帳號／19563868　戶名：秀威資訊科技股份有限公司
讀者服務信箱：service@showwe.com.tw
展售門市／國家書店（松江門市）
104台北市中山區松江路209號1樓
電話：+886-2-2518-0207　傳真：+886-2-2518-0778
網路訂購／秀威網路書店：https://store.showwe.tw
國家網路書店：https://www.govbooks.com.tw

2021年7月　BOD一版
定價：390元
版權所有　翻印必究
本書如有缺頁、破損或裝訂錯誤，請寄回更換

Copyright©2021 by Showwe Information Co., Ltd.
Printed in Taiwan
All Rights Reserved

讀者回函卡

國家圖書館出版品預行編目

臺灣法政角力四十年：尤清談美麗島大審 / 尤清著. -- 一版. -- 臺北市：秀威資訊科技股份有限公司, 2021.07
面； 公分. -- (社會科學類；PF0273)
(Viewpoint ; 62)
BOD版
ISBN 978-986-326-927-4(平裝)

1. 美麗島事件 2. 臺灣民主運動

733.2945 110009769